Sexualwissenschaftliche Schriften

Der Lehr- und Forschungsschwerpunkt Angewandte Sexualwissenschaft am Fachbereich Soziale Arbeit. Medien. Kultur ist im deutschsprachigen Raum einzigartig. Auf Grund seines Charakters an der Nahtstelle zwischen Theorie und Praxis entstehen hier innovative Arbeiten insbesondere im Bereich der sexuellen Bildung. In der Reihe Sexualwissenschaftliche Schriften werden sehr gute Qualifikationsarbeiten publiziert. Sie sollen Forschungsprojekte bereichern und Anregungen für die Praxis liefern.

Weller, Konrad; Bathke, Gustav-Wilhelm; Kruber, Anja;
Voß, Heinz-Jürgen

PARTNER 5
Jugendliche 2021

Primärbericht:

Sexuelle Bildung, sexuelle Grenzverletzungen
und sexualisierte Gewalt

Impressum

© 2022 Heinz-Jürgen Voß (Herausgeber)

Lehr- und Forschungsbereich
Angewandte Sexualwissenschaft

Hochschule Merseburg

Mitarbeiter*innen der Studie:
M.A. Anja Kruber (Konzeption, Fragebogendesign, Forschungsorganisation, Auswertung)
Prof. Dr. Gustav-Wilhelm Bathke (Fragebogenentwicklung und -design, Datenbank, Auswertung)
Prof. Dr. Konrad Weller (Fragebogenentwicklung, Auswertung)
Prof. Dr. Heinz-Jürgen Voß (Gesamtleitung)
Elisabeth Eckert (Forschungsorganisation, Auswertung)
Elisabeth Voigt (Forschungsorganisation, Auswertung)
M.A. Maria Urban (Beratung)
Prof. Dr. Kurt Starke (Beratung, Auswertung)

Weitere Student*innen des Masterstudienganges Angewandte Sexualwissenschaft beteiligten sich an der Herstellung des Fragebogens und werden in Teilauswertungen der Studie einbezogen.

Hochschulverlag
www.hs-merseburg.de/bibliothek/hochschulverlag

ISBN: 978-3-948058-48-7

Gestaltung:
André Luttermann

Titelbild:
www.pexels.com / cottonbro

Gedruckt auf säurefreiem Papier

Herstellung und Auslieferung:
Open Publishing GmbH
openpublishing.com

Inhaltsverzeichnis

Ergebnisse auf einen Blick — **7**

1. Konzept und Ziele der Studie — **11**

2. Methodik und Stichprobe der Studie — **13**

2.1 Erhebungsinstrument und Durchführung — 13

2.2 Stichprobe — 14

3. Erfahrungen mit Sexueller Bildung und sexualitätsbezogenem Wissenserwerb — **18**

3.1 Schulische und außerschulische Sexualaufklärung — 18

3.2 Personen und Medien, die zum sexuellen Wissenserwerb beigetragen haben — 22

3.3 Selbsteinschätzung sexueller Aufgeklärtheit — 25

4. Erfahrungen mit verschiedenen sexuellen Grenzverletzungen — **27**

4.1 Sexuelle Belästigung — 27

4.2 Sexuelle Übergriffe in verschiedenen Bereichen — 34

4.3 Schwere Formen sexualisierter Gewalt — 42

4.4 Belastungserleben — 47

5. Das belastendste Erlebnis — **50**

5.1 Deliktcharakteristik und Alter der Betroffenen — 51

5.2 Charakteristik der Täter*innen — 53

5.3 Mitteilung an Dritte und Anzeigeverhalten — 54

5.4 Retrospektive Beurteilung des Anzeigeverhalten — 58

5.5 Inanspruchnahme von Hilfe und weitere Unterstützungsbedarfe — 67

6. Fazit — **70**

7. Literatur — **73**

8. Anlagen — **75**

8.1 Fragebogen (Offline-Version) — 75

8.2 Indikatorengliederung — 109

Ergebnisse auf einen Blick

PARTNER 5 Jugendliche 2021 wurde Anfang 2020 als Paper-Pencil-Befragung an Bildungseinrichtungen Sachsen-Anhalts begonnen und aufgrund der Corona-Pandemie als onlinebasierte Studie von Oktober 2020 bis März 2021 fortgeführt. Die Aussagen von 861 Jugendlichen bzw. jungen Erwachsenen zwischen 16 und 18 Jahren (Durchschnittsalter 16,9 Jahre) gingen in die Auswertung ein, darunter 522 Mädchen/junge Frauen, 297 Jungen/Männer sowie 42 Personen mit diverser Geschlechtsidentität. 377 Teilnehmer*innen wohnen in Sachsen-Anhalt, 471 in den neuen Bundesländern.

    PARTNER 5 ist eine komplexe sexualwissenschaftliche Studie mit einigen kriminologisch relevanten Fragestellungen. Neben der Erhebung von Prävalenzen zu sexuellen Grenzverletzungen und den Analysen zu Anzeige bzw. Nichtanzeige strafrechtlich relevanter Taten geht es vor allem um die subjektive Sicht der Betroffenen: was haben sie erlebt, wie sind sie damit umgegangen, wie haben sie das Erlebte verarbeitet, wie stark ist der Leidensdruck und wovon hängt er ab.

    Zu diesen Themenbereichen wurde bereits mit dem Primärbericht zu **PARTNER 5 Erwachsene 2020** umfangreich Bericht erstattet. Der vorliegende Bericht zu Jugendlichen knüpft an die vorliegenden Befunde an und ergänzt sie inhaltlich um die Themen *sexuelle Bildungserfahrungen in der Schule und sexualitätsbezogener Wissenserwerb*.

Erfahrungen mit Sexueller Bildung

Schulische und außerschulische Angebote: 96% der Jugendlichen berichten von Sexualaufklärung in der Schule, 72% hatten hierzu mehrfach Angebote. Zwei Drittel haben darüber hinaus an Aufklärungsprojekten mit schulexternen Expert*innen teilgenommen (29% mehrfach). Sexualpädagogisch selbst aktive Lehrer*innen bzw. Schulen holen sich häufiger externe Unterstützung als weniger aktive. Die Jugendlichen aus Sachsen-Anhalt / den neuen Bundesländern haben häufiger Aufklärungsprojekte erlebt (zu 64%) als die aus den alten Bundesländern (zu 46%).

Themen der Aufklärung: Traditionelle Aufklärungsthemen zu pubertärer Entwicklung und Prävention unerwünschter Schwangerschaft und sexuell übertragbaren Krankheiten wurden schulisch am häufigsten behandelt. Nur etwa die Hälfte der Befragten berichtet von Veranstaltungen zu sexueller Gewalt und auch sexueller und geschlechtlicher Vielfalt. Am seltensten angesprochen wurden Themen wie Sexualität in den Medien und Pornografie.

Informationsquellen: Schulische Aufklärung und daraus resultierender Wissenserwerb hat aus Sicht der Jugendlichen eine eher geringe Bedeutung. Die relevantesten Informationsquellen sind verschiedene Internetformate und dort v.a. Youtuber/Influencer sowie die Peergroup-Kommunikation. Das Internet ist für alle Geschlechter primäre Informationsquelle, geschlechtsspezifische Unterschiede gibt es bei der Nutzung der verschiedenen Formate. Während Mädchen v.a. Videoplattformen, Social Media und Beratungsseiten nutzen, spielen für Jungen auch Pornoseiten eine große Rolle.

Selbsteinschätzung der Aufgeklärtheit: Insgesamt hält sich die große Mehrheit der Jugendlichen (über 90%) in sexuellen Fragen für sehr gut oder gut aufgeklärt. Und obwohl die Befragten das selbst nicht so sehen: die in der Schule erfahrene Sexualaufklärung hat einen nachweisbaren relevanten Anteil am Grad dieser Selbsteinschätzung.

Erfahrungen mit verschiedenen sexuellen Grenzverletzungen

Sexuelle Belästigung: Fast alle weiblichen und diversgeschlechtlichen und die Hälfte der männlichen Jugendlichen haben bereits Formen sexueller Belästigung erlebt.

Wo erfolgen sexuelle Übergriffe: Am häufigsten sind verbale Übergriffe, gefolgt von körperlichen Grenzverletzungen im öffentlichen Raum. Auch im Internet und in der Schule werden Übergriffe häufig erlebt – von bis zu 50% der Mädchen und bis zu 25% der Jungen. Am seltensten sind sexuelle Grenzverletzungen in den Herkunftsfamilien. Diversgeschlechtliche Jugendliche sind in allen Bereichen häufiger betroffen.

Vergewaltigung: Jede vierte weibliche Jugendliche (24%) hat bereits einen Vergewaltigungsversuch erlebt, Jungen sind viel seltener betroffen (7%), diversgeschlechtliche Jugendliche viel häufiger (39%). Von Vergewaltigung berichten 14% der jungen Frauen (21% der diversen, 3% der männlichen Jugendlichen). Die Erfahrungen mit schweren Formen sexualisierter Gewalt sind historisch etwas angewachsen. Das betrifft auch die Erfahrungen mit Zwang beim „ersten Mal".

Belastungserleben: Die diversen und die weiblichen Jugendlichen haben nicht nur häufiger Übergriffe erlebt, sie leiden auch deutlich stärker darunter als die männlichen Befragten. Jede vierte junge Frau leidet sehr stark oder stark, nur jede dritte fühlt sich gar nicht belastet. Bei den jungen Männern äußern 7% starkes Leid, während die Mehrheit (59%) sich überhaupt nicht belastet fühlt. Vergewaltigungen und andere körperliche Übergriffe haben das stärkste Traumatisierungspotenzial. Übergriffe in der Herkunftsfamilie erzeugen den stärksten Leidensdruck, Übergriffe im Internet den geringsten.

Das belastendste Erlebnis

Zur genaueren Charakterisierung konkreter Delikte und der Erfassung des damit verbundenen Anzeigeverhaltens wurde in der Studie nach dem belastendsten Erlebnis eines sexuellen Übergriffs gefragt, zu dem sich 69% der weiblichen, 88% der diversen und 39% der männlichen Jugendlichen äußerten.

Deliktcharakteristika: Etwa die Hälfte aller bedeutsamen Erlebnisse bei den weiblichen und diversen Jugendlichen sind Hands-on-Delikte (also Taten mit Körperkontakt), bei den männlichen lediglich ein Viertel.

Alter der Opfer: Ein Viertel der Befragten – männlich wie weiblich – erinnert einen sexuellen Übergriff in der Kindheit, diversgeschlechtliche zu 40%.

Täter*innen: Die Täter*innen sind überwiegend männlich. Die jungen Frauen geben zu 3%, die Männer zu 24% weibliche Täter*innen an. Rund 60% aller Taten werden durch bekannte Täter*innen ausgeübt.

Vertrauenspersonen: Während sich Mädchen nach erlebten Übergriffen mehrheitlich (zu 61%) an eine Vertrauensperson wenden, ist das bei Jungen deutlich seltener der Fall (37%).

Anzeigeverhalten: Weibliche Opfer zeigen geringfügig häufiger an als männliche (9% : 7%). Übergriffe in der Kindheit werden bei beiden Geschlechtern annähernd gleich – in über 20% der Fälle – zur Anzeige gebracht. Die Anzeigehäufigkeit ist historisch angewachsen, wie der Vergleich mit der Erwachsenenstudie zeigt: Während vor 30 Jahren nur etwa jeder fünfundzwanzigste Fall sexuellen Missbrauchs von Kindern zur Anzeige gelangte, ist es in den letzten Jahren mindestens jeder fünfte.

Beurteilung des Anzeigeverhaltens: Die wenigen Jugendlichen, die Anzeige erstatteten, beurteilen ihre Entscheidung retrospektiv zu 90% als richtig. Auch Nichtanzeigen werden aus heutiger Sicht als überwiegend richtig bewertet (74%), deutlich mehr als in der Erwachsenenstudie (58%). Je jünger die Betroffenen beim Delikt, desto kritischer wird die Nichtanzeige gesehen.

Hilfs- und Unterstützungsbedarf: Den allermeisten von sexueller Gewalt Betroffenen stehen – wenn sie es denn für notwendig erachten – private wie professionelle Hilfspersonen zur Verfügung. Das sind am häufigsten gute Freund*innen oder Mütter, aber auch – in ca. 40% aller Hilfen – Professionelle. Die Mehrheit der Betroffenen (58% weiblich, 70% männlich) hat jedoch weder Hilfe erhalten noch einen entsprechenden Bedarf. Die diversgeschlechtlichen Jugendlichen sind die vulnerabelste Gruppe mit dem vergleichsweise größten Hilfebedarf.

1. Konzept und Ziele der Studie

Die Studie *PARTNER 5* wurde als komplexe quantitative Erhebung des sexuellen und partnerschaftlichen Verhaltens und Erlebens von Jugendlichen und Erwachsenen mit dem Schwerpunkt der Erfassung von Erfahrungen mit sexuellen Grenzverletzungen konzipiert. Geplant war eine repräsentative regionale Befragung von Jugendlichen in Sachsen-Anhalt, Sachsen und Thüringen sowie eine internetbasierte Studie unter Erwachsenen.

Die Studie unter Erwachsenen wurde online von Juni bis Oktober 2020 durchgeführt. Ein im Februar 2021 vorgelegter *Primärbericht* (Kruber et al. 2021) informiert über die Hauptergebnisse dieses Studienteils zu Erfahrungen mit sexuellen Grenzverletzungen. Ein separater *Tabellenband* zur Erwachsenenstudie liefert die Gesamtübersicht zu allen befragten Aspekten.

Die Befragungen der Jugendlichen sollten in bewährter Weise im Gruppenverband in allgemeinbildenden Schulen und Berufsschulen durchgeführt werden. Nach umfangreicher organisatorischer Vorbereitung startete die Befragung Anfang 2020, musste aber Corona-bedingt bereits im März 2020 nach lediglich wenigen Veranstaltungen mit 174 befragten Jugendlichen abgebrochen werden. Die Wiederaufnahme bzw. Fortsetzung der Paper-Pencil-Variante war im Rahmen der Projektlaufzeit nicht möglich, so dass eine Online-Variante des Fragebogens entwickelt wurde.

PARTNER 5 steht in der Tradition komplexer sexuologischer Studien unter Jugendlichen, Studierenden und Berufstätigen, die 1972, 1980 und 1990 in der DDR durchgeführt wurden (PARTNER I, II und III). 2013 schloss sich daran die historische Vergleichsstudie *PARTNER 4* unter ostdeutschen Jugendlichen an (Weller 2013a, b).

PARTNER 5 greift einige Themen und Fragestellungen früherer Studien auf, was punktuell historische Vergleiche ermöglicht. Allerdings haben Fragen zur sexualisierten Gewalt erst in der Studie *PARTNER 4* 2013 einen größeren Raum eingenommen. In diesem historisch kurzen Zeitraum haben sich allerdings insbesondere in der Mediennutzung rasante Entwicklungen vollzogen, so dass ein Schwerpunkt der (über diesen Primärbericht hinausgehenden) Auswertung auf Belästigungs- und Grenzerfahrungen im Internet sowie Risiken der sexualitätsbezogenen Mediennutzung liegt. Ein weiterer inhaltlicher Schwerpunkt der Jugendstudie betrifft die Erfahrungen mit Sexueller Bildung und sexualitätsbezogenem Wissenserwerb. Sexuell gebildete und medienkompetente Heranwachsende (so ein zentraler Befund früherer Studien) sind zwar nicht besser vor sexuellen Gewalterfahrungen geschützt, aber sie sind besser in der Lage, Erlebtes zu reflektieren, zu kommunizieren und produktiv zu verarbeiten. (Vgl. Weller 2020.)

Im Rahmen einer differenzierten Ergebnisdarstellung von Bedingungen und Einflussfaktoren auf Erfahrungen mit sexualisierter Gewalt werden auch regionale Spezifika geprüft und – wo inhaltlich sinnvoll und statistisch möglich – dargestellt. Eine Übersicht zu den Ergebnissen aller Fragestellungen liefert der Tabellenband zur Jugendstudie. Hier sind auch jeweils die Befunde zu Sachsen-Anhalt ausgewiesen.

Der vorliegende Bericht zu *PARTNER 5 Jugendliche* geht folgenden Fragestellungen nach:

1. Welche Erfahrungen mit Sexueller Bildung haben Jugendliche?
2. Wie verbreitet sind Erfahrungen mit verschiedenen Formen sexueller Grenzverletzungen?
3. Wie ist das Anzeigeverhalten bezogen auf lebensgeschichtlich markante sexuelle Übergriffserlebnisse, wovon hängt es ab und wie wird es retrospektiv eingeschätzt?
4. Welche Unterstützung erfahren Betroffene?

2. *Methodik und Stichprobe der Studie*

2.1 Erhebungsinstrument und Durchführung

Der Fragebogen von *PARTNER 5 Jugendliche* umfasst 269 Einzelfragestellungen (Offline-Variante des Online-Fragebogens und inhaltliche Indikatorengliederung im Anhang). 107 Fragen betreffen die beiden Hauptthemen der Studie – Erfahrungen mit sexuellen Grenzverletzungen und Sexuelle Bildung.

Die Akquise zur Teilnahme fand bundesweit auf Social Media Plattformen, vor allem Facebook und Instagram, und durch die direkte Ansprache von Vereinen, Verbänden und Medienschaffenden als Multiplikator*innen statt. Speziell in Sachsen-Anhalt wurden teilnehmende Schüler*innen in Kooperation mit in dem Landesschulamt Sachsen-Anhalt / Referat Schulpsychologie gewonnen und auch in der regionalen Presse zur Teilnahme an *PARTNER 5 Jugendliche* eingeladen. Zur Akquise wurde weiterhin ein Youtube-Video angefertigt (https://youtu.be/gUJoLhFAPgo) und ein Interview im offenen Kanal Merseburg durch den Studienleiter Prof. Voß gegeben (https://www.facebook.com/Offener.Kanal.Merseburg.Querfurt/videos/549535332618948/).

In der Zeit vom 7.10.2020 bis zum 23.4.2021 konnte der Fragebogen beantwortet werden. Die durchschnittliche Bearbeitungsdauer betrug 31 Minuten.

Im gesamten Studienverlauf kam forschungsethischen Gesichtspunkten ein besonderer Stellenwert zu. U.a. wurde der Fragebogenentwurf mit einer Expertin für sexuelle Traumata von Kindern und Jugendlichen diskutiert. Das Forschungsteam ist sich der speziellen Schutzwürdigkeit der persönlichen Grenzen und des respektvollen Umgangs mit dem Vertrauen der Befragten bewusst. In diesem Sinne wurden besondere Vorkehrungen getroffen (Triggerwarnung und Verweis auf Hilfsangebote in der Einleitung zum Fragebogen / siehe Anlage).

2.2 Stichprobe

An der Studie beteiligten sich insgesamt 1443 Personen, 1269 online und
174 offline. Da insbesondere die Fragestellungen zu sexueller Gewalt konsequent geschlechtsspezifisch ausgewertet werden und die Altershomogenität (16- bis 18jährige) gewährleistet werden sollte, wurden nur die
Antworter*innen, die sowohl Geschlecht als auch Alter angegeben haben,
in der Auswertung berücksichtigt. Unter 16- und über 18jährige wurden
gestrichen. Die gültige Stichprobe umfasst 861 Personen (714 online und
147 offline). Die Online- und die Offline-Befragten wurden in der Datenbank zusammengeführt.

61% der Befragten geben ihr Geschlecht mit weiblich an, 34% mit männlich, 5% mit divers bzw. anders. Diese Geschlechtsdisproportion konnte
in der Online-Erhebung nicht beeinflusst werden. Sie ist auf das (auch in
anderen Studien und auch in der Erwachsenenstudie *PARTNER 5* konstatier-
te) größere wissenschaftlich-reflexive Interesse von Mädchen / Frauen am
Thema Sexualität und Partnerschaft zurückzuführen. Da ohnehin alle Inhalte
konsequent geschlechtsspezifisch analysiert werden und Gesamtaussagen
nur getroffen werden, wenn das jeweilige Merkmale keiner systematischen
geschlechterbezogenen Variabilität unterliegt, schränkt der Geschlechter-
bias der Stichprobe die Aussagekraft der Ergebnisse nicht ein. Wie bereits
in der Online-Erwachsenenerhebung, sind Personen mit nichtbinärer
Geschlechtsidentität überrepräsentiert. Während in der Studie *PARTNER 4*
2013 lediglich vier Jugendliche ihr Geschlecht mit divers angaben, sind es
nunmehr 41. Die Gruppe ist zwar für tragfähige statistische Aussagen zu
klein, wird aber in der primären Ergebnisdarstellung angegeben.

Die Altersverteilung in den Geschlechtergruppen ist nicht völlig homo-
gen, das Durchschnittsalter ist jedoch gleich (siehe Tab.2.1.1), so dass
Geschlechtervergleiche auch unter Vernachlässigung der Altersgruppen
möglich sind.

Tab. 2.2.1.: Stichprobe nach Geschlecht und Alter

Geschlecht	(n)	Altersgruppen in %			XQ
		16 Jahre	17 Jahre	18 Jahre	Jahre
weiblich	(522)	38	33	29	16,9
männlich	(297)	46	29	25	16,8
divers	(42)	38	38	24	16,9
Gesamt	(861)	41	32	27	16,9

Obgleich die Studie vom Auftraggeber als regionale Erhebung intendiert war (Sachsen-Anhalt, Sachsen und Thüringen), ist sie als Online-Studie bundesweit zur Kenntnis genommen worden. Die Stichprobe rekrutiert sich jedoch (aufgrund der offline erhobenen Teilpopulation und der verstärkten regionalen Akquise) vor allem aus Sachsen-Anhalt (44% der Stichprobe, n=377). 53% der Stichprobe (n=460) kommen aus den drei mitteldeutschen Ländern, die damit in der Stichprobe für die Jugendlichen aus den neuen Bundesländern stehen.

Tab. 2.2.2: Stichprobe nach Bundesländern

	(n-k.A.)	nach Geschlecht in %		
		weiblich	männlich	divers
Alte Bundesländer (ohne B)	(192)	62	26	12
Neue Bundesländer (ohne B)	(471)	61	37	2
Sachsen-Anhalt	(377)	59	40	1
Sachsen	(53)	61	30	9
Thüringen	(30)	77	20	3
Gesamt*)	(676)	61	34	5

*) Die Frage „In welchem Bundesland wohnen Sie?" wurde am Ende des Online-Fragebogens gestellt und nicht von allen Jugendlichen beantwortet.

Die Teilnehmer*innen an *PARTNER 5 Jugendliche* sind überdurchschnittlich gebildet. 68% streben das Abitur, 26% einen Realschulabschluss, 6% einen Hauptschulabschluss an oder besitzen ihn bereits. Die hohe Bildungsgruppe ist über-, die geringe unterrepräsentiert[1]. Zudem überwiegen in der Gruppe mit geringerer Schulbildung die Männer. Gesamtbefunde, die in Abhängigkeit von der Bildung variieren (z.B. die Sensibilität gegenüber sexueller Belästigung), sind folglich zu relativieren bzw. differenziert in Abhängigkeit von der Bildung und dem Geschlecht darzustellen.

Tab. 2.2.3.: Bildungsgruppen (angestrebter Schulabschluss) nach Geschlecht

	(n-k.A.)	**nach Geschlecht in %**		
		weiblich	**männlich**	**divers**
Gering: bis 9. Klasse	(52)	52	42	6
Mittel: 10. Klasse	(217)	63	34	3
Hoch: 12. Klasse	(569)	62	33	5

Die Teilnehmer*innen der Studie sind zu 28% und damit überdurchschnittlich häufig in Großstädten aufgewachsen (Bundesdurchschnitt 7%), allerdings mit 32% auch überdurchschnittlich häufig in dörflicher Umgebung (unter 2.000 Einwohnern; Bundesdurchschnitt 5,4%).

Tab. 2.2.4.: Regionale Herkunft/ Wohnortgröße nach Geschlecht

	(n-k.A.)	**nach Geschlecht in %**		
		weiblich	**männlich**	**divers**
Dorf	(272)	63	31	6
Kleinstadt	(183)	68	27	5
Mittelstadt	(157)	52	45	3
Großstadt	(235)	58	37	5

Im Ausland aufgewachsene Personen sind mit einem Anteil von 3,4 % nur leicht unterrepräsentiert, werden jedoch aufgrund der geringen Absolutzahl (n= 29) statistisch nicht ausgewertet. Das betrifft auch die 5% der Jugendlichen mit nichtchristlicher Religionszugehörigkeit (vgl. Tabellenband, S. 15-17 und S. 25).

---

1 Die Bildungsstatistik von 2020 weist für junge Erwachsene 56% Abitur bzw. FHS-Reife, 25% Realschulabschlüsse, 19% Hauptschulabschlüsse oder weniger aus (Statista 2020).

Insgesamt ist festzustellen:

Die vorliegende Stichprobe ist kein repräsentatives Abbild der 16- bis 18jährigen Jugendlichen, v.a. aufgrund des überdurchschnittlichen Bildungsniveaus. Das ist bei der Darstellung bildungsabhängiger Inhalte zu berücksichtigen. Während angenommen werden kann, dass die Studienteilnahme mit einem besonderen Interesse am Thema Sexualität und Partnerschaft generell sowie sexueller Gewalt im Besonderen einhergeht (was z.B. zu einer Überschätzung der sexualisierten Gewalterfahrung unter Jugendlichen führen könnte), so erfolgte doch andererseits die Stichprobenrekrutierung sehr vielfältig und insofern handelt es sich trotz der benannten Besonderheiten um eine Zufallsstichprobe. Der Nachteil von Onlinebefragungen generell und auch der vorliegenden Studie ist, dass sie selbstselektierende Stichproben produzieren. Ein großer Vorteil ist allerdings, dass die Wahrscheinlichkeit hoch ist, bei sensiblen Fragen (zu sexuellen Erfahrungen oder sexueller Gewalt) ehrliche und reflektierte Antworten und damit realistische Ergebnisse zu bekommen.

Im vorliegenden Bericht liegt der Fokus der Darstellung auf den Ergebnissen der Studie selbst. Historische Vergleiche hinsichtlich einzelner Fragestellungen zu den Studien *PARTNER III* 1990 oder zur ostdeutschen Jugendstudie *Partner 4* aus dem Jahr 2013 werden nur an wenigen Stellen vorgenommen. Zudem bieten sich einige Vergleiche zur Erwachsenenstudie von *PARTNER 5* an.

3. Erfahrungen mit Sexueller Bildung und sexualitätsbezogenem Wissenserwerb

3.1 Schulische und außerschulische Sexualaufklärung

Wie aus den Jugendsexualitätsstudien der BZgA bekannt, wurde bereits in den 1990er Jahren Sexualaufklärung als mehr oder weniger fächerübergreifende Pflichtaufgabe in den Schulen flächendeckend eingeführt. Nach den Ergebnissen von *PARTNER 4* 2013 hatten 97% der damals befragten ostdeutschen Jugendlichen Sexualerziehungsthemen in der Schule besprochen, 72% mehrfach, also z.B. in der Grundschule und in einer weiterführenden Schule (vgl. Weller 2013a). Diese Befunde werden durch *PARTNER 5* exakt bestätigt (Tab. 3.1.1.).

Neben der Sexualaufklärung durch Lehrer*innen sind aus sozialpädagogischer Sicht zusätzliche Projekte sinnvoll, durchgeführt durch externe Expert*innen aus Schwangerschaftsberatungsstellen, Aids-Hilfen, Gesundheitsämtern, Kinderschutzdiensten usw. Solche Veranstaltungen erlebten zwei Drittel der Befragten (65%), 29% mehrfach. Auch diese Ergebnisse entsprechen in etwa den Befunden von 2013. Die Jugendlichen aus den neuen Bundesländern haben solche Projekte deutlich häufiger erlebt als die aus den alten Bundesländern (64% zu 46%). Das lässt darauf schließen, dass die in den Rahmenrichtlinien zur Sexualaufklärung an Schulen empfohlene Einbindung externer Expert*innen in den neuen Bundesländern (und insbesondere in dem in *PARTNER 5* abgebildeten Sachsen-Anhalt) konsequent erfolgt und es gute Kooperationen zwischen Schulen und externen Anbietern gibt.[2]

Die Schüler*innen der höheren Bildungsgänge berichten geringfügig öfter über sexualpädagogische Aktivitäten. Stadt-Land-Unterschiede existieren nicht.

---

2   Wenngleich die Ergebnisse aufgrund der Anonymität der Erhebung keine konkreten Rückschlüsse zulassen, kann doch angenommen werden, dass die seit 1993 an der Hochschule in Merseburg stattfindende sexualpädagogische Ausbildung im Studium der Sozialen Arbeit, die damit verbundene Durchführung hunderter sexualpädagogischer Projekte und eine entsprechende professionelle Vernetzung in Sachsen-Anhalt, daran ihren Anteil hat.

Tab. 3.1.1.: Sexualaufklärung erlebt

% (n-k.A.)	Sexualaufklärung im Unterricht durch Lehrer*innen		
	mehrmals	**einmal**	**nie**
Gesamt (760)	72	24	4
Weiblich (469)	76	20	4
Männlich (251)	67	29	4
Divers (40)	67	33	0
neue Bundesländer (467)	73	24	3
alte Bundesländer (192)	76	21	3
bis 9. Klasse (41)	66	22	12
10. Klasse (191)	66	29	5
11. und höher (507)	75	22	3
PARTNER 4 2013 gesamt (844)	72	24	4
	Sexualaufklärung durch andere Veranstaltung / Projekte		
Gesamt (757)	28	30	42
Weiblich (469)	28	30	42
Männlich (249)	29	29	42
Divers (39)	21	28	51
neue Bundesländer (466)	**34**	**30**	**36**
alte Bundesländer (191)	**21**	**25**	**54**
bis 9. Klasse (41)	27	20	53
10. Klasse (190)	28	31	41
11. und höher (505)	28	30	42
PARTNER 4 2013 gesamt (844)	29	36	35

Wie bereits in *PARTNER 4* festgestellt, bieten Schulen, die im Rahmen des Unterrichts sexualaufklärerisch aktiver sind, auch außerunterrichtlich mehr an: Von den Jugendlichen, die mehrfach durch Lehrer*innen Sexualaufklärung erhielten, berichten 62% von zusätzlichen Veranstaltungen, unter denen, die einmalig Sexualaufklärung erhielten sind es 46%, und die kleine Gruppe, die keine schulischen Aufklärungsaktivitäten erinnert, hat zu 33% einschlägige Projekte erlebt.

Insgesamt haben rund ein Viertel der befragten Jugendlichen (23%) mehrfache Veranstaltungen durch Lehrer*innen wie externe Expert*innen erlebt, ein Drittel beide Formen mindestens einmal und 40% lediglich Aufklärung durch Lehrer*innen.

2021 wurde erstmals im Rahmen der PARTNER-Studien differenziert nach den konkreten Themen der Sexualaufklärung gefragt: Am häufigsten genannt werden die klassischen Themen rund um die körperliche Entwicklung in der Pubertät und die traditionellen Präventionsthemen Schwangerschaftsverhütung und Schutz vor sexuell übertragbaren Infektionen und Aids, beides im Kontext der Thematisierung und Problematisierung des ersten Partnersex sowie des Themenkomplexes Freundschaft-Liebe-Partnerschaft-Sexualität.

Mittlere Rangplätze nehmen die Themen Ehe, Familie und andere Formen des Zusammenlebens, sexuelle und geschlechtliche Vielfalt sowie das Thema Schwangerschaftsabbruch ein. Etwa die Hälfte der Befragten (52%, 23% mehrfach) berichten über die Behandlung des Themas sexuelle Gewalt / sexueller Missbrauch (Jungen erstaunlicherweise häufiger als Mädchen).

Nur eine Minderheit der Befragten erinnert die Behandlung von Themen wie Sexualität und Medien, Pornografie und Selbstbefriedigung (Tab. 3.1.2).

Unerwarteterweise zeigen sich bei den seltener genannten Themen Geschlechtsunterschiede: die kleine Zahl der diversen Jugendlichen gibt zu Protokoll, dass die Formen des Zusammenlebens sowie sexuelle und geschlechtliche Vielfalt seltener behandelt wurden. Das verweist möglicherweise auf eine erlebte Diskrepanz zwischen (höheren) Erwartungen und (zu geringer) Realisierung. Anders bei den „Jungenthemen" Selbstbefriedigung, Pornografie und Sexualität und Medien: Hier kann ebenfalls von einem größeren männlichen Interesse ausgegangen werden und Jungen erinnern auch deutlich häufiger die Behandlung dieser Themen. Eventuell wurde tatsächlich im Rahmen der Sexualaufklärung geschlechtsspezifischen Interessen Rechnung getragen (zumindest im Rahmen der Durchführung

sexualpädagogischer Projekte kann von solchen partizipatorischen An-
sätzen ausgegangen werden).

Tab. 3.1.2.: Themen Sexueller Bildung

„ja" /"mehrfach" in % (n-k.A.)	weiblich	männlich	divers	gesamt
	(457)	(243)	(39)	(739)
Pubertät	97 /77	99 /78	92 /77	97 /77
Schwangerschaftsverhütung	96 /77	98 /75	97 /82	97 /77
Schutz vor STI und Aids	93 /61	98 /76	82 /54	94 /66
Freundschaft/Liebe/Partner-schaft	91 /62	88 /65	72 /38	89 /62
Partnerschaftliche Sexualität/ das erste Mal	80 /38	76 /35	77 /36	78 /37
Formen des Zusammenle-bens, Ehe u. Fam.	62 /31	67 /37	**37 /11**	62 /31
Schwangerschaftsabbruch	51 /18	63 /28	41 /13	55 /21
Sexuelle/geschlechtliche Vielfalt (z.B. Homosexualität, Transidentität)	49 /18	63 /28	**28 /8**	52 /21
Sexuelle Gewalt/Missbrauch	**47 /21**	**61 /29**	31 /5	51 /23
Sexualität in den Medien	**34 /11**	**46 /18**	26 /15	38 /13
Selbstbefriedigung	**27 /7**	**48 /21**	20 /5	34 /12
Pornografie	**26 /7**	**48 /21**	31 /10	34 /11

Wie oft wurden die folgenden Themen im Unterricht bzw. in Projekten besprochen?
1=mehrfach, 2=einmal, 3=nie; „ja" = 1+2

In Abhängigkeit von der Intensität und der Form der Bildungsangebote
zeigen sich erhebliche Unterschiede hinsichtlich der Häufigkeit behan-
delter Themen: Dort, wo mehrfache Bildungsangebote erfolgten und
Projekte eingebunden wurden, fand – abgesehen vom Thema Pubertät
und Verhütung – eine häufigere und intensivere Behandlung statt. Das
trifft insbesondere auf die insgesamt seltener angesprochenen Themen
zu (Pornografie, Selbstbefriedigung, sexuelle Vielfalt).

Tab. 3.1.3.: Themen Sexueller Bildung in Abhängigkeit von Häufigkeit und Form der Bildungsangebote

„ja" /"mehrfach" in % (n-k.A.)	intensiv	beides	nur Schule	gesamt
	(177)	(244)	(298)	(739)
Pubertät	99/90	99/76	97/72	97 /77
Schwangerschaftsverhütung	98/88	99/74	95/75	97 /77
Schutz vor STI und Aids	97/78	96/66	93/59	94 /66
Freundschaft/Liebe/Partnerschaft	95/81	91/64	84/50	89 /62
Partnerschaftliche Sexualität/das erste Mal	89/57	78/35	72/26	78 /37
Formen des Zusammenlebens, Ehe u. Fam.	73/42	62/29	58/27	62 /31
Schwangerschaftsabbruch	65/32	53/18	49/16	55 /21
Sexuelle/geschlechtliche Vielfalt (z.B. Homosexualität, Transidentität)	**67/36**	**55/18**	**41/15**	52 /21
Sexuelle Gewalt/Missbrauch	61/37	51/21	45/**17**	51 /23
Sexualität in den Medien	**51/23**	**36/10**	**32/11**	38 /13
Selbstbefriedigung	**52/21**	**34/9**	**23/8**	34 /12
Pornografie	**49/22**	**34/8**	**24/8**	34 /11

„Intensiv" = mehrfache Angebote sowohl durch Lehrer*innen wie durch Projekte
„beides" = mindestens je einmalige Angebote durch Lehrer*innen wie durch Projekte
„nur Schule" = lediglich Angebote durch Lehrer*innen

3.2 Personen und Medien, die zum sexuellen Wissenserwerb beigetragen haben

Die aktuelle Jugendsexualitätsstudie der BZgA benennt als Hauptinstanzen der Sexualaufklärung Eltern, Schule und Internet (BZgA 2020). In der vorliegenden Studie sind es (wie bereits 2013) vor allem die gleichaltrigen Freundinnen und Freunde, die Peer-Group und die Liebespartner*innen, die bei älteren Jugendlichen und jungen Erwachsenen die mit Abstand wichtigsten Kommunikationspartner beim sexuellen Wissenserwerb sind. Mütter und Lehrer*innen belegen mittlere Rangplätze (Tab. 3.2.1.)

Tab. 3.2.1.: Personen, die zum Wissen über Sexualität beigetragen haben

„Sehr stark+stark" in % (n-k.A.)	weiblich	männlich	divers	gesamt
	(477)	(250)	(40)	(767)
Freundinnen/Freunde	68	69	60	67
Partnerinnen/Partner	56	45	53	52
Mutter	42	20	38	35
Lehrerinnen/Lehrer	33	34	18	32
Vater	12	19	11	16
Geschwister	15	9	21	14
Sexualpädagoginnen/Sexual-pädagogen	11	18	10	13
andere	14	19	14	16

Frage 38: Wie stark haben die folgenden Personen zu Ihrem Wissen über Sexualität beigetragen?
1=sehr stark; 2=stark; 3=kaum; 4=überhaupt nicht

Während sich die Medienpräferenz 2013 noch geschlechterdifferent zeigte (Mädchen bevorzugten Printmedien, Jungen das Internet), so hat sich mittlerweile das Internet als unangefochtenes Leitmedium bei allen Geschlechtern durchgesetzt und seine Wirkung weiter erhöht, bei gleichzeitigem Rückgang der Bedeutung von Printmedien und TV-Formaten (Tab. 3.2.2.). Insbesondere die Jugendlichen mit nichtbinärer Geschlechtsidentität profitieren von den diversen Informationsmöglichkeiten des Internet.

Tab. 3.2.2.: Medien, die zum Wissen über Sexualität beigetragen haben

„Sehr stark+stark" in % (n-k.A.)	weiblich	männlich	divers	gesamt
	(477)	(253)	(40)	(770)
Internet	74	85	93	79
Bücher (auch Schulb.), Zeitschr., Broschür.	50	35	50	46

Fernsehsendungen	30	26	28	28
etwas anderes	8	10	6	8
PARTNER 4 2013:	(431)	(392)		(828)
Internet	46	75		60
Bücher (auch Schulb.), Zeitschr., Broschür.	65	39		53
Fernsehsendungen	43	48		45

Frage 39: Wie stark haben die folgenden Medien zu Ihrem Wissen über Sexualität beigetragen?

1=sehr stark; 2=stark; 3=kaum; 4=überhaupt nicht

Innerhalb des Internet sind es insbesondere die Videoplattformen und die Sozialen Medien, die genutzt werden. Dort findet ja auch ein Großteil der peer-to-peer-Kommunikation statt. Für Jungen spielen allerdings Pornoplattformen die bedeutendste Rolle für Wissenserwerb.

Tab. 3.2.3.: Internetangebote, die zum Wissen über Sexualität beigetragen haben

„Sehr stark+stark" in % (n-k.A.)	weiblich	männlich	divers	gesamt
	(469)	(251)	(40)	(760)
Videoplattformen (z.B. You Tube)	51	47	**75**	54
Aufklärungs-/Beratungsseiten	42	27	48	38
Social Media (z.B. Instagram)	40	31	**61**	38
Sexfilme/Pornoseiten	23	**57**	8	33
Wikipedia u.a. Online-Lexika	19	23	36	21
etwas anderes	8	10	6	8

Frage 39: Wie stark haben die folgenden Internet-Angebote zu Ihrem Wissen über Sexualität beigetragen? 1=sehr stark; 2=stark; 3=kaum; 4=überhaupt nicht

In den Fragestellungen zu Personen und Medien der Sexualaufklärung gab es die Frage zu „anderen" Personen/ Medien, die in offenen Fragen genauer benannt werden konnten. Genannt wurden ganz überwiegend Youtuber/ Influencer:

„Leute aus dem Internet (zB YouTuber:innen), meine Oma und meine Frauenärztin" (1024,w, 18 Jahre);

„Personen d. öffentlichen Lebens, also z.B. in Aufklärungsformaten auf You-
Tube oder auf anderen Seiten, Ansprechpersonen aus Junglesbenzentrum,
Queerfeministische Kreise" (1129, d, 17 Jahre);

„Jungsfragen (YouTube)" (610, m, 16 Jahre);

„Influencer, besonders auf Youtube, die über ihre eigenen Erfahrungen bzw.
die ihrer Community berichten. Als junger Teenager auch Zeitschriften und
darin der Kummerkasten" (210, w, 18 Jahre);

„Ich habe mich mit niemandem besonders intensive darüber unterhalten. Es
hat sich durch Gespräche mit jedem auf dieser Liste zusammengeleppert."
(453, m, 17 Jahre);

„Eine gewisse Influencerin hat mich positiv in meiner Meinung beeinflusst
und hervorragende Aufklärungsarbeit geleistet!" (446, w, 17 Jahre);

3.3 Selbsteinschätzung sexueller Aufgeklärtheit

Die Selbsteinschätzung der sexuellen Aufgeklärtheit ist kein objektiver Grad-
messer sexuellen Wissens, sondern eher ein Indikator sexueller Selbstsicher-
heit. Sie ist bei Jugendlichen bildungsübergreifend stabil hoch. Die meisten
halten sich für sehr gut oder gut aufgeklärt, fast niemand für überhaupt
nicht. Häufigere Bildungserfahrung schlägt sich in der Selbsteinschätzung
nieder: Diejenigen, die mehrfach Veranstaltungen durch Lehrer und Projekte
erlebt haben, schätzen ihren Aufklärungsgrad zur Hälfte mit sehr gut ein;
diejenigen, die lediglich punktuell schulische Sexualaufklärung erlebten,
nur zu einem Drittel (51% : 30%, Tab. 3.3.1.). Bei den diversgeschlechtlichen
Jugendlichen deutet sich eine Polarisierung an: die eine Hälfte hält sich für
sehr gut aufgeklärt (mutmaßlich Ergebnis intensiver Auseinandersetzung mit
eigener heteronormativ-konträrer Entwicklung), aber auch ein überdurch-
schnittlicher Teil dieser Jugendlichen hält sich für kaum oder überhaupt
nicht aufgeklärt (möglicherweise als Zeichen anhaltender Verunsicherung).

Tab. 3.3.1.: Selbsteinschätzung sexueller Aufgeklärtheit

% (n-k.A.)	Wie gut sehen Sie sich in sexuellen Fragen aufgeklärt?			
	Sehr gut	gut	kaum	Überhaupt nicht
Weiblich (407)	36	55	8	1
Männlich (225)	41	53	5	1
Divers (36)	50	36	11	3
Intensiv (164)	51	46	2	0
Beides (212)	39	51	9	1
Nur Schule (269)	30	59	10	1

4. Erfahrungen mit verschiedenen sexuellen Grenzverletzungen

Im vorliegenden Bericht wird auf verschiedene Formen sexueller Grenzverletzungen eingegangen. Synonym verwendete allgemeine Begrifflichkeiten sind: Erfahrungen mit sexuellen Übergriffen und sexuelle bzw. sexualisierte Gewalterfahrungen. Die Verwendung des Attributs „sexualisiert" soll darauf verweisen, dass es sich bei Akten sexueller Gewalt häufig um sexualisierten Machtmissbrauch handelt, bei dem Täter*innen ihre Macht- und Autoritätsposition ausnutzen, um eigene Bedürfnisse auf Kosten der Betroffenen zu befriedigen.

In Abhängigkeit von der Differenziertheit der in der Untersuchung gestellten Fragen wird sprachlich präzisiert und genauer definiert, welche Form von Übergriffserlebnissen jeweils gemeint ist. Wenngleich an einigen Stellen des Berichts versucht wird, sexualisierte Übergriffe (z.B. in Bezug auf strafrechtliche Definitionen und Schutzaltersgrenzen hin) zu objektivieren, so bleibt doch das subjektive Erleben Hauptkriterium der Untersuchung.

4.1 Sexuelle Belästigung

„Sexuelle Belästigung reicht von weniger schwerwiegenden Formen, wie Anstarren, anzüglichen Bemerkungen oder Belästigungen per Telefon oder im Internet über unerwünschte sexualisierte Berührungen, sexuelle Bedrängnis bis hin zu sexualisierten körperlichen Übergriffen. Je nach Form, Kontext und Ausmaß können sexuelle Belästigungen strafbare Handlungen sein, zum Beispiel Beleidigung, sexuelle Nötigung oder Nachstellung." (BMFSFJ 2020, o.S.)

Seit 2020 ist sexuelle Belästigung nach § 184i StGB ein Straftatbestand, insbesondere dann, wenn er mit körperlichen Übergriffen einhergeht oder/ und gemeinschaftlich begangen wird. Insofern wird auch sexuelle Belästigung künftig als strafrechtlich relevantes Dunkelfeld zu erforschen sein. Die vorliegende Studie erfasst Erfahrungen mit sexueller Belästigung in all ihrer Vielfalt, aber nicht zeitlich begrenzt, sondern lebenszeitlich retrospektiv (Lebenszeitprävalenz), insofern ohne die Intention einer präzisen

Dunkelfeldabschätzung. Bei der Befragung Jugendlicher betrifft die Lebenszeitprävalenz selbstredend die Erfahrungen in Kindheit und Jugendalter.

Den folgenden Ergebnissen zu Erfahrungen mit sexueller Belästigung liegt eine breit gefasste Definition zugrunde, die neben den juristisch fixierten konkreten Handlungen konkreter Personen auch strukturelle Aspekte des alltäglichen Lebens erfasst (z.B. sexualisierte Werbung und das dadurch ausgelöste Belästigungsempfinden), und die davon ausgeht, dass subjektives Belästigungserleben einerseits von konkreten Erfahrungen, andererseits von individuellen Wertungen und Anmutungen und darüber hinaus von gesellschaftlichen Normsetzungen und Geschlechterstereotypen abhängt. Insgesamt wurde nach zehn vorgegebenen Formen in geschlossenen Fragen sowie nach weiteren Formen in einer offenen Frage gefragt.

In Tab. 4.1.1. sind die verschiedenen Formen erlebter sexueller Belästigung in der Rangfolge ihrer Häufigkeiten differenziert nach Geschlecht dargestellt. Belästigungen sind zwar i.d.R. „hands-off"-Delikte, also verbale oder medienvermittelte Übergriffe, anzügliche Blicke, Hinterherpfeifen und dgl., aber die Rangreihe zeigt, dass auch körperliche Handlungen (das Angegrabscht werden in öffentlichen Verkehrsmitteln o.ä.) oft erlebt wurden.

Tab. 4.1.1.: Erlebte sexuelle Belästigung nach Geschlecht (vgl. Tabellenband S. 171–182)

% „ja" (AP 1+2) (n-k.A.)	weiblich (358)	männlich (187)	divers (35)	gesamt (580)
Summenscore (Belästigung in mindestens einer Form erlebt)	**94**	**52**	**97**	**81**
durch Worte (z. B. anzügliche Bemerkungen, Witze, Kommentare)	78	28	87	62
durch unerwünschte, unnötige körperliche Berührungen	66	26	74	54
durch Nachrichten über Messenger-Dienste (z. B. WhatsApp, Telegram, Facebook, Messenger)	59	18	67	46
durch ungewollte Konfrontation mit Bildern/ Videos sexuellen Inhaltes (z. B. Pornoclips)	47	24	51	40
durch sexualisierte Werbung	43	19	77	37
durch Musik (z. B. sexistischen Rap)	36	9	67	29

	27	6	29	20
durch Stalking (Belästigung durch unerwünschte Liebesbezeugungen, Geschenke u. a.)	27	6	29	20
durch sexualisierte Online-Spiele	21	6	44	17
durch sexistische/pornografische Schmierereien in der Schule	17	8	26	14
durch etwas anderes	16	4	20	12
durch Gemälde im Museum	5	3	3	4

Fragetext: Haben Sie sich schon einmal sexuell belästigt gefühlt? Antwortpositionen (AP): 1 = Ja mehrmals 2 = ja, einmal; 3 = nein.

Geschlechtsspezifik

Sexuelle Belästigungserfahrung betrifft nicht nur Frauen und geht auch nicht nur von Männern aus, aber so gut wie alle befragten weiblichen Jugendlichen (94%) – ebenso wie nahezu alle befragten Diversen (97 %) – haben schon Belästigungen erlebt bzw. sich belästigt gefühlt, im Gegensatz dazu „nur" etwa die Hälfte (52 %) der befragten männlichen Jugendlichen (Summenscore in der ersten Zeile der Tabelle 4.1.1.). Diese Geschlechterdifferenz betrifft alle Belästigungsformen, sie spiegelt strukturelle gesellschaftliche Macht-, Abhängigkeits-, Gewaltverhältnisse wider. In den Kommentaren zu anderen Belästigungserlebnissen wird mehrfach verdeutlicht, dass die sexuellen Belästigungen häufig von Erwachsenen ausgehen. Hierzu einige charakteristische Kommentare:

„anzügliche, aufdringliche Blicke von deutlich älteren Männern" (971, 2, 17 Jahre);

„begrapschen, viel ältere männer machen anmache, sexismus im alltag, sexualisiert werden, wenns gar nicht um was sexuelles geht" (1226, w, 17 Jahre);

„Hinterher pfeifen und angesprochen werden von Gruppen bestehend aus erwachsenen Männern" (543, w, 16 Jahre);

„hinterherpfeifen und kommentare über mein aussehen, hinterherrufen (sehr sexualisiert von anderen)" (1314, w, 18 Jahre);

„Männliche Sportlehrer, Freunde" (770, w, 18 Jahre);

„Öffentlichkeit: durch Nachrufen, durch Begaffen, durch Blicke, durch Nachpfeifen; privat: durch unangebrachte Nachrichten" (771, w, 17 Jahre);

„Starrende Männer im Fitnessstudio" (1029, w, 17 Jahre);

„Wurde missbraucht und fühle mich öfter belästigt nur beim Angucken von Männern" (1070, w, 16 Jahre);

„Zweideutige Bemerkungen von alten weißen Männern, die sich dabei wie der größte Held fühlen." (731, w, 16 Jahre);

„Als ich und mein Kumpel in der 4. Kasse spielen waren beobachtete uns ein Mann im schwarzen Mantel. Lange Rede kurzer Sinn, nach 2h beobachten, hat mein Kumpel gefragt, was das soll und er hat versucht ihn mit Schokolade und runtergelassener Hose ins Gebüsch zu locken. (Am Abend, nach Rauslocken des Sexualverbrechers durch die Eltern meines Freundes, stellte sich raus, er habe bereits 11 Anzeigen sexueller Belästigung von Kindern (abgeschnittener Hoden am Hort zeigen) und wurde dennoch freigelassen durch fehlende Beweise)" (667, m, 18 Jahre);

Generationenspezifik

Der Vergleich mit den Ergebnissen der Erwachsenenstudie *PARTNER 5* zeigt, dass die Jugendlichen strukturell (in der Rangreihe der Häufigkeiten) bereits ganz ähnliche Belästigungserfahrungen haben, allerdings auf niedrigerem Häufigkeitsniveau – was logisch ist angesichts des geringeren Alters und einer erhobenen Lebenszeitprävalenz. Da in der Erwachsenenstudie allerdings die Jüngeren Befragten (die 18- bis 24jährigen) in allen Bereichen deutlich häufigere Belästigungserfahrungen bekundeten als die älteren, kann gefolgert werden, dass das junge Erwachsenenalter die vulnerabelste Phase darstellt, in der Belästigungen deutlich zunehmen, während Minderjährige davor noch etwas besser geschützt sind. Ausnahmen sind die Erfahrungen mit sexualisierten Online-Spielen, mit denen Jugendliche bereits häufiger in Kontakt kommen.

Lebensbedingungen

Ähnlich wie in der Erwachsenenstudie führen unterschiedliche Lebensbedingungen zu unterschiedlich häufigen Erfahrungen mit sexueller Belästigung. So haben Jugendliche, die in Großstädten aufgewachsen sind, in einigen Bereichen z.T. wesentlich mehr Erfahrung als diejenigen vom Dorf (siehe Tab. 4.1.2.). Allerdings sind diese Unterschiede nur bei weiblichen Jugendlichen nachweisbar und sie betreffen v.a. Belästigung durch sexualisierte Werbung oder sexistische Musik.

Tab. 4.1.2.: Erlebte sexuelle Belästigung nach Wohnortgröße

% „ja" (n-k.A.)	weiblich		männlich	
	Dorf (150)	Großstadt (113)	Dorf (62)	Großstadt (73)
Summenscore (Belästigung durch mindestens eine Form erlebt)	**94**	**95**	**57**	**47**
durch Worte (z. B. anzügliche Bemerkungen, Witze, Kommentare)	**71**	**86**	29	20
durch unerwünschte, unnötige körperliche Berührungen	64	70	26	19
durch sexualisierte Werbung	**34**	**63**	19	15
durch ungewollte Konfrontation mit Bildern/ Videos sexuellen Inhaltes (z. B. Pornoclips)	45	56	31	22
durch Nachrichten über Messenger-Dienste (z. B. WhatsApp, Telegram, Facebook, Messenger)	57	54	18	12

durch Musik (z. B. sexistischen Rap)	26	52	8	14
durch Stalking (Belästigung durch unerwünschte Liebesbezeugungen, Geschenke u. a.)	24	25	14	4
durch sexistische/pornografische Schmierereien in der Schule	17	20	10	7
durch etwas anderes	14	21	2	5
durch sexualisierte Online-Spiele	**18**	**35**	6	3
durch Gemälde im Museum	7	3	3	4

Bildungsunterschiede

In der Erwachsenenstudie wurde festgestellt, dass die Jüngeren nicht nur aufgrund ihrer z.T. unterschiedlichen Alltagsgestaltung mehr Übergriffserfahrung haben, sondern dass sie auch als jüngere Generation stärker durch den sexualitäts- und geschlechtsbezogenen Macht- und Gewaltdiskurs geprägt sind und insofern Erlebnisse sensibler als Übergriffe reflektieren. Unter Jugendlichen wäre unter diesem Blickwinkel nach Bildungsunterschieden zu fragen.

Tab. 4.1.3. differenziert die Jugendlichen mit einer Schulbildung bis 10. Klasse und diejenigen der Abiturstufe. In der Gesamthäufigkeit erlebter Übergriffe unterscheiden sich die Mädchen unterschiedlicher Bildungsniveaus nicht. Große Unterschiede gibt es bei der Bewertung sexualisierter Werbung, sexistischer Musik und sexualisierter Online-Spiele, also in Bereichen, in denen ein größerer definitorischer Spielraum besteht. Hierdurch fühlten sich die Mädchen der weiterführenden Bildungsgänge häufiger belästigt, d.h., sie nehmen z.B. Werbung eher als belästigend wahr.

Die Jungen der Abiturstufe haben insgesamt deutlich häufiger Belästigungen erlebt als die 10. Klasse-Schüler (61% gegenüber 39%). Bei den einzelnen Formen von Belästigung sind die Differenzen nicht sehr groß, am ehesten bei der Bewertung von verbalen Formen der Belästigung und bei Einordnung von ungewollt erhaltenen Bildern und Videos mit sexuellem Inhalt.

Tab. 4.1.3.: Erlebte sexuelle Belästigung nach Bildung

% „ja" (n-k.A.)	weiblich	männlich		
	Bis 10. (104)	**Abitur (246)**	**Bis 10. (67)**	**Abitur (115)**
Summenscore (Belästigung durch mindestens eine Form erlebt)	93	94	**39**	**61**
durch Worte (z. B. anzügliche Bemerkungen, Witze, Kommentare)	73	80	**22**	**31**
durch unerwünschte, unnötige körperliche Berührungen	62	69	25	28
durch sexualisierte Werbung	**24**	**51**	15	21
durch ungewollte Konfrontation mit Bildern/ Videos sexuellen Inhaltes (z. B. Pornoclips)	48	47	**18**	**28**
durch Nachrichten über Messenger-Dienste (z. B. WhatsApp, Telegram, Facebook, Messenger)	63	57	18	18
durch Musik (z. B. sexistischen Rap)	**18**	**44**	7	11
durch Stalking (Belästigung durch unerwünschte Liebesbezeugungen, Geschenke u. a.)	25	27	11	4
durch sexistische/pornografische Schmierereien in der Schule	16	17	8	8
durch etwas anderes	12	18	3	3
durch sexualisierte Online-Spiele	**10**	**26**	7	5
durch Gemälde im Museum	5	5	5	4

Während Einflüsse allgemeiner Bildung auf die Sensibilität gegenüber sexuellen Übergriffen feststellbar sind, bilden sich Effekte einer unterschiedlich intensiven Sexuellen Bildung nicht empirisch ab. Die intensiver sexuell gebildeten Jugendlichen unterscheiden sich von denen mit geringerer Bildungserfahrung nicht (Tab. 4.1.4.).

Tab. 4.1.4.: Erlebte sexuelle Belästigung nach Häufigkeit Sexueller Bildung

% „ja" (n-k.A.)	weiblich	männlich		
	intensiv (76)	gering (157)	intensiv (40)	gering (81)
Summenscore (Belästigung durch mindestens eine Form erlebt)	99	93	48	54
durch Worte (z. B. anzügliche Bemerkungen, Witze, Kommentare)	78	79	19	32
durch unerwünschte, unnötige körperliche Berührungen	70	66	23	29
durch sexualisierte Werbung	44	42	21	17
durch ungewollte Konfrontation mit Bildern/ Videos sexuellen Inhaltes (z. B. Pornoclips)	49	47	25	23
durch Nachrichten über Messenger-Dienste (z. B. WhatsApp, Telegram, Facebook, Messenger)	57	61	23	19
durch Musik (z. B. sexistischen Rap)	39	34	7	13
durch Stalking (Belästigung durch unerwünschte Liebesbezeugungen, Geschenke u. a.)	28	29	7	7
durch sexistische/pornografische Schmierereien in der Schule	16	18	11	7
durch etwas anderes	11	20	5	4
durch sexualisierte Online-Spiele	21	20	7	3
durch Gemälde im Museum	6	3	2	3

4.2 Sexuelle Übergriffe in verschiedenen Bereichen

In der vorliegenden Studie werden die Erfahrungen mit sexuellen Übergriffen / sexuellen Gewalterfahrungen zum Teil wiederholend erfragt, die jeweiligen Fragenkomplexe folgen unterschiedlichen Systematiken, erschließen die Thematik sukzessive von den (vermeintlich) leichteren Formen der Belästigung hin zu den (vermeintlich) schwerwiegenderen Formen erlebter sexueller Übergriffe. Während im Abschnitt 4.1. Belästigungsformen dargestellt wurden, geht es in diesem Abschnitt um gesellschaftliche

Bereiche, in denen Übergriffe erfolgen, wenn man so will, um verschiedene „Tatorte". Da es um Erfahrungen ganz unterschiedlicher Art geht, die z.T. über Belästigungen weit hinausgehen, wird v.a. der allgemeine Begriff des „sexuellen Übergriffs" verwendet. Erfragt wurden lebenszeitbezogene Erfahrungen für die Bereiche Freizeit / Öffentlichkeit, Internet, Schule und Herkunftsfamilie. Das Ziel besteht darin, einen allgemeinen Überblick zu geben, in welchen gesellschaftlichen Bereichen sexuelle Belästigungen und andere Übergriffe erfolgen.

Tab. 4.2.1. liefert einen ersten Überblick über die Relevanz der verschiedenen erfragten Bereiche anhand der Häufigkeiten, in denen Übergriffe erlebt wurden. Da die Mädchen / jungen Frauen durchweg häufiger betroffen sind, wurden ihre Antworten in Rangreihe der Häufigkeiten geordnet. Bei den Jungen / Männern ist die Rangreihung auf wesentlich geringerem Niveau ähnlich. Das Erfahrungsprofil der Personen mit diverser Geschlechtsidentität gleicht denen der Frauen weitgehend.

80% der weiblichen, 89% der diversen und 40% der männlichen Jugendlichen berichten von Übrgriffserlebnissen in mindestens einem der erfragten Bereiche. Das ist deutlich weniger als hinsichtlich der aufsummierten Belästigungserlebnisse (Tab.4.1.1.) und dadurch zu erklären, dass nunmehr konkrete Übergriffe durch Personen intendiert sind und „strukturelle" Belästigungen (z.B. durch Werbung oder Schmierereien) wegfallen.

Tab. 4.2.1.: Erfahrung mit sexuellen Übergriffen in verschiedenen Bereichen

% erlebt (n-k.A.)	weiblich (432)	männlich (234)	divers (38)	gesamt (704)
Freizeit/Öffentlichkeit	60	15	59	45
Internet	50	20	62	41
Schule	40	24	50	35
Herkunftsfamilie	9	3	16	8
Erlebnisse in mindestens einem der Bereiche (Summenscore)	**80**	**40**	**89**	**67**
PARTNER 4 2013 (n-.kA.)	(435)	(385)		(825)
Freizeit/Öffentlichkeit	26	6		17
Internet	46	14		31

Schule	11	5		8
Herkunftsfamilie	5	1		3

Die exakten Frageformulieren (Fragen 58-60 sowie 63f findet sich im Anhang.)

Während bei den Mädchen / jungen Frauen die Rangfolge der Häufigkeiten in den verschiedenen Bereichen (Öffentlichkeit, Internet, Schule) relativ deutlich ist, ist das bei den männlichen und den diversen Jugendlichen gar nicht der Fall. Hier liegen die Bereiche dicht beieinander und bedingen auch einander (also etwa digitales Mobbing durch Mitschüler*innen). Eine deutlich geringere Häufigkeit von Übergriffen gibt es in den Herkunftsfamilien.

Der Vergleich zu *PARTNER 5 Erwachsene* zeigt eine ähnliche Struktur, der Vergleich zu *PARTNER 4* 2013 zeigt (mit Ausnahme des Internet) deutlich größere Häufigkeiten, was allerdings nicht als dramatischer Gewaltzuwachs innerhalb weniger Jahre zu interpretieren ist. Hier sind Effekte der selbstselektiven Stichprobe zu vermuten, eine z.T. geänderte Methodik und eventuell auch die fokussierende Anmoderation des Gewaltthemas, die Sensibilisierung durch die Triggerwarnung am Beginn der Studie. Es ist nicht plausibel, dass im Freizeitbereich oder in der Schule die Übergriffe so dramatisch zugenommen haben sollten (Tab. 4.2.1./ zumal die Erfahrung im Internet mit moderatem Anstieg gut vergleichbar ist – trotz anderer Methodik).

Sexuelle Übergriffe in Freizeit/Öffentlichkeit

Von sexuellen Übergriffen im Freizeitbereich (in der Öffentlichkeit, im Sportverein, in der Disco usw.) berichten 60% der befragten jungen Frauen (diverse 59 %), unter den Männern sind es lediglich 15 %. Es überwiegen verbale Übergriffe gegenüber körperlichen. Sie wurden v.a. von fremden Erwachsenen ausgeübt, relativ häufig auch durch (mehr oder weniger gleichaltrige) andere Kinder bzw. Jugendliche, deutlich seltener durch bekannte Erwachsene oder durch Autoritätspersonen (vgl. Tab. 4.2.2.).

Tab. 4.2.2.: Sexuelle Übergriffe in Freizeit

% erlebt (n-k.A.)	weiblich (285)	männlich (80)	divers (18)	gesamt (383)
Belästigung durch fremde Erwachsene	79	50	90	78
Belästigung durch andere Kinder/Jugendliche	68	62	67	67
dabei verbale Gewalt erlebt	44	16	71	40
Belästigung durch Autoritätspersonen	26	6	17	24
dabei körperliche Gewalt erlebt	24	11	22	21
Belästigung durch bekannte Erwachsene	23	31	17	23

Sexuelle Übergriffe in der Schule

40% der weiblichen Jugendlichen haben in der Schule sexuelle Übergriffe erlebt (diverse 62 %, männliche 24 %). Die Erfahrungen differieren unter den Jugendlichen unterschiedlicher Bildungsgänge nur geringfügig. Auch in der Schule überwog die verbale Gewalt gegenüber der körperlichen und sie ging vor allem von Mitschüler*innen aus, deutlich seltener von Lehrer*innen (Tab. 4.2.3.).

Tab. 4.2.3.: Sexuelle Übergriffe in der Schule

% erlebt (n-k.A.)	weiblich (223)	männlich (107)	divers (17)	gesamt (347)
dabei körperliche Gewalt erlebt	22	14	29	20
dabei verbale Gewalt erlebt	46	21	76	40
Belästigung durch MitschülerInnen	73	54	81	70
Belästigung durch LehrerInnen	40	15	40	34

Sexuelle Übergriffe im Internet

Das Internet gehört seit einigen Jahren zu den häufigsten „Tatorten". 50 % der befragten jungen Frauen, 20 % der jungen Männer und 62 % der nichtbinären Jugendlichen berichten von Übergriffen. Am häufigsten geschildert werden Versuche, ein sexuelles Verhältnis anzubahnen, es folgt die ungewollte Präsentation von Nacktfotos oder pornografischen Videos, etwas seltener sind Versuche der Bloßstellung bzw. des medienbasierten Mobbings, noch seltener Erpressungsversuche mit sexualisiertem Bildmaterial (Tab. 4.2.4.).

Die in der Erwachsenenstudie *PARTNER 5* ermittelten starken Bildungsabhängigkeiten sind in der Jugendstudie nicht aussagekräftig abbildbar, da die Gruppe der Jugendlichen mit geringer Bildung nur sehr gering besetzt ist.

Tab. 4.2.4.: Sexuelle Übergriffe im Internet

% erlebt (n-k.A.)	weiblich (247)	männlich (95)	divers (20)	gesamt (362)
Versuch der sexuellen Anbahnung	68	19	91	59
Ungewollte Präsentation von Fotos/ Videos	40	19	71	37
Fertig machen/Bloßstellung	31	14	50	28
Erpressung durch Bilder/Videos	19	15	25	18

51 % der von Übergriffen und Belästigungen im Internet Betroffenen (w=52 %, m=60 %, d=22 %) waren sich im Vorhinein bewusst darüber, dass sie bei der Nutzung des jeweiligen Online-Angebots Grenzverletzungen erleben können. Von denjenigen, die sich sexuell für sehr gut aufgeklärt halten, sind es 59%, von den lediglich gut aufgeklärten sind es 46%. Diese, durch reale Bildungsprozesse beeinflusste, Selbsteinschätzung sexualitätsbezogenen Wissens geht also mit einer erhöhten Medienkompetenz und einem gesteigerten Bewusstsein für die Möglichkeit von Grenzverletzungen im Internet einher – einer Voraussetzung dafür, das eigene Nutzungsverhalten anzupassen, um sich selbst vor Übergriffen schützen zu können.

Exkurs: Sexualitätsbezogene Mediennutzung des Internet

Die befragten Jugendlichen gehören der Generation der „digital natives" an, für die bereits in der Kindheit die (mehr oder weniger) selbständige Nutzung des (mehr oder weniger) frei zugänglichen Internets eine Selbstverständlichkeit war. Insofern ist auch die (mehr oder weniger) intendierte Begegnung mit (mehr oder weniger) expliziten sexuellen Inhalten bereits in der Kindheit wahrscheinlich. Rund die Hälfte der Befragten hat bereits vor dem 14. Geburtstag Internetseiten mit sexuellen Inhalten besucht (Frage 95c, genauer dazu im Tabellenband, S. 288ff). Zum Zeitpunkt der Befragung bestätigen 70% der weiblichen und 80% der männlichen sowie der diversen Jugendlichen einschlägige Erfahrung. Der erste Kontakt mit Pornoclips im Internet liegt ebenfalls für die Hälfte der Befragten (mit geringen Geschlechtsunterschieden) bereits in der Kindheit (Frage 95a). Hier hat es in nur wenigen Jahren (im Vergleich mit *PARTNER 4* 2013) eine biografische Vorverlagerung des Erfahrungszuwachses gegeben, allerdings nur bei den Mädchen (hatte seinerzeit lediglich 30% bereits Kontakt mit Pornografie bis zum Alter von 13 Jahren, sind es aktuell 45%). Aktuell geben 95% der männlichen Jugendlichen und 80% der weiblichen an, bereits Pornoclips im Internet gesehen zu haben (vgl. Tab.band S. 281 ff).

Die Angaben zur Pornoerfahrung in Tab. 4.2.5. sind etwas niedriger, hier wurde nach individueller, peer group-bezogener und partnerschaftlicher Nutzung unterschieden. Die Vergleiche zu 2013 belegen den Erfahrungszuwachs bei den Mädchen.

Die größten Zuwächse an Erfahrung in den wenigen Jahren seit 2013 betreffen das sogenannte Sexting, die Herstellung und Weitergabe sexueller Fotos bzw. Videos. Hatten 2013 lediglich 19% der jungen Frauen bereits einschlägige Fotos / Videos hergestellt, sind es 2021 36% (männlich 11% : 31%). Mit der risikoreichen Weitergabe dieser Produkte hatten 2013 lediglich 6% Erfahrung (weiblich wie männlich), 2021 sind es 30% der jungen Frauen und 29% der jungen Männer (Tab.4.2.5.).

Auch die Erfahrung mit erotischer Kommunikation hat zugenommen, fast die Hälfte der Jugendlichen hat schon online geflirtet oder sexualisierte Botschaften ausgetauscht (2013 etwa ein Drittel / Tab. 4.2.5.). Das Kennenlernen von Sexpartnern per Internet oder Sex per Webcam ist unter Jugendlichen noch wenig verbreitet, hat aber auch zugenommen und wird von den (noch) nicht Erfahrenen seltener abgelehnt als noch vor wenigen Jahren.

Tab. 4.2.5.: Erfahrungen mit sexualitätsbezogener Mediennutzung

% erlebt (n-k.A.)	Mehrmals/ einmal erlebt	Möchte nicht
(allein) Porno-Videos angesehen		
P 5 2021 weiblich (447)	**67**	23
P 4 2013 weiblich (433)	**58**	36
P III 1990 weiblich (648)	**36**	37
P 5 2021 männlich (236)	92	5
P 4 2013 männlich (393)	90	7
P III 1990 männlich (728)	60	10
mit Freundinnen/Freunden Porno-Videos angesehen		
P 5 2021 weiblich (445)	36	51
P 5 2021 männlich (237)	51	39
mit Partner/Partnerin Porno-Videos angesehen		
P 5 2021 weiblich (445)	20	41
P 5 2021 männlich (237)	22	34
Erotische Kommunikation über Social Media		
P 5 2021 weiblich (441)	**45**	41
P 4 2013 weiblich (436)	**36**	55
P 5 2021 männlich (234)	**46**	36
P 4 2013 männlich (391)	**29**	52
Sexualpartner*in über das Internet kennengelernt		
P 5 2021 weiblich (444)	16	50
P 4 2013 weiblich (436)	11	72
P 5 2021 männlich (233)	19	38
P 4 2013 männlich (391)	15	55
Sex per Cam (mit bekannter Person)		
P 5 2021 weiblich (443)	6	81
P 4 2013 weiblich (436)	5	90
P 5 2021 männlich (231)	9	70
P 4 2013 männlich (391)	6	75
Erotische/sexuelle Fotos/Videos selbst hergestellt		
P 5 2021 weiblich (446)	**36**	54
P 4 2013 weiblich (436)	**19**	70
P 5 2021 männlich (235)	**31**	62

P 4 2013 männlich (391)	**11**	76
Eigene erotische/sexuelle Fotos/Videos weitergegeben		
P 5 2021 weiblich (445)	**30**	68
P 4 2013 weiblich (436)	**6**	93
P 5 2021 männlich (235)	**29**	67
P 4 2013 männlich (391)	**6**	90

Wenngleich die sexualitätsbezogene Nutzung des Internet nicht pauschal als Risikoverhalten eingeordnet werden sollte (siehe die Ausführungen zum Internet als Informationsquelle im 3. Kapitel), so ist doch offensichtlich, dass zunehmende Nutzung mit entsprechenden Risiken einhergeht. So haben z.B. von den jungen Frauen, die bereits mehrmals eigene Fotos oder Videos weiter gegeben haben, 43% Erpressungsversuche erlebt (Frage 60a, siehe Tab. 4.2.4.), von denen, die dies nicht getan haben lediglich 9%.

Sexuelle Übergriffe in der Familie

Sexualisierte Übergriffe in Familien sind vergleichsweise selten, 9 % der weiblichen, 3 % der männlichen und 16 % der Jugendlichen mit diverser Geschlechtsidentität berichten davon. Das ist weniger als in der Erwachsenenstudie *PARTNER 5*, aber etwas mehr als in der Jugendstudie 2013 (Tab. 4.2.1.). Körperliche und verbale sexuelle Gewalt werden fast gleich häufig genannt (Tab. 4.2.6.). Die familiäre Gewalt wird ganz überwiegend durch Erwachsene ausgeübt.

Tab. 4.2.6.: Sexuelle Übergriffe in der (Herkunfts-)Familie

% erlebt (n-k.A.)	weiblich (321)	männlich (47)	divers (26)	gesamt (394)
dabei körperliche Gewalt erlebt	40	38	39	40
dabei verbale Gewalt erlebt	46	47	58	47
Belästigung durch Erwachsene	87	60	89	84
Belästigung durch Geschwister	20	38	25	22

Die Differenz zu *PARTNER 4* (vgl. Tab. 4.2.1.) sollte nicht als Anstieg interpretiert werden, die geringeren Werte gegenüber der Erwachsenenstudie deuten vielmehr auf einen historisch längerfristigen Rückgang familiärer Gewalt. Dafür sprechen auch die Ergebnisse zu erlebter physischer Gewalt in der Herkunftsfamilie, die einen Vergleich zu 1990 zulassen: Hatten damals über die Hälfte der männlichen Jugendlichen (56%) und über ein Drittel der weiblichen (39%) körperliche Gewalt durch die Eltern erfahren, sind es aktuell jeweils lediglich ein Viertel (Tab. 4.2.7.).

Tab. 4.2.7.: Physische Gewalt in der Herkunftsfamilie im historischen Vergleich

% „ja" (oft/hin und wieder/selten)	weiblich	männlich	divers	gesamt
PARTNER 5 2021 (n–k.A,.)	(495)	(267)	(41)	(803)
% „ja" (oft/hin und wieder/selten)	26	26	29	26
PARTNER 4 2013 (n–k.A,.)	(431)	(390)		(827)
% „ja" (oft/hin und wieder/selten)	20	25		23
PARTNER III 1990 (n–k.A,.)	(295)	(328)		(623)
% „ja" (oft/hin und wieder/selten)	39	56		47

1990/2013: Ich wurde zu Hause geschlagen; 2021: Ich von den Eltern/ einem Elternteil geschlagen.

1=oft; 2=hin und wieder; 3=selten; 4=nie

4.3 Schwere Formen sexualisierter Gewalt

Die heutigen Jugendlichen sind mit öffentlichen Debatten zum Thema sexualisierte Gewalt aufgewachsen, der Skandalisierung des Kindesmissbrauchs in pädagogischen Einrichtungen und der Kirche seit 2010 oder der #MeToo-Bewegung und entsprechender medialer Berichterstattung seit 2017. Das hat nachweisbar zur Sensibilisierung gegenüber sexueller Gewalt beigetragen. Als wir 1990 die Jugendlichen fragten, ob sie ein weibliches Opfer sexueller Gewalt kennen, antworteten lediglich 19% der jungen Frauen mit ja, 2013 waren es 31%, 2021 sind es 41% (bei den männlichen Jugendlichen 10% - 29% - 39%/ Tab. 4.3.1.)

Tab. 4.3.1.: Vergewaltigung von Mädchen / Frau bekannt

% „ja"	weiblich	männlich	divers	gesamt
PARTNER 5 2021 (n-k.A.)	(434)	(231)	(38)	(703)
Vergewaltigung bekannt	41	29	63	38
PARTNER 4 2013 (n-k.A.)	(435)	(385)		(825)
Vergewaltigung bekannt	31	29		30
PARTNER III 1990 (n-k.A.)	296)	(323)		(619)
Vergewaltigung bekannt	19	10		14

2021 (63g): Haben Sie das Folgende schon erlebt? - Mir sind Mädchen/Frauen bekannt, die zum Geschlechtsverkehr gezwungen wurden. 1=ja, mehrmals; 2=ja, einmal; 3=nein

2013 (57j): Haben Sie das Folgende erlebt? - Mir sind Mädchen/Frauen bekannt, die durch Gewalt oder Drohung zum Geschlechtsverkehr gezwungen wurden. 1=ja, mehrmals; 2=ja, einmal; 3=nein

1990 (376): Ist Ihnen persönlich ein Mädchen/ eine Frau bekannt, die von einem Mann, mit dem sie nicht verheiratet ist, durch Gewalt oder Drohung zum Geschlechtsverkehr gezwungen wurde (Vergewaltigung)? 1=ja; 2=nein

Männliche Opfer sexueller Gewalt sind wesentlich seltener bekannt und die Reflexion darüber hat auch in den letzten Jahren nicht zugenommen (Tab. 4.3.2.), was zwar einerseits auf die tatsächliche disparate Geschlechterrelation unter Betroffenen von sexueller Gewalt zurückgeführt werden kann, aber auch Hinweis ist auf Einseitigkeiten in der Wahrnehmung von sexuellen Gewaltverhältnissen.

Tab. 4.3.2.: Vergewaltigung von Jungen/Männern bekannt

% „ja"	weiblich	männlich	divers	gesamt
PARTNER 5 2021 (n-k.A.)	(433)	(231)	(38)	(702)
Vergewaltigung bekannt	8	7	18	8
PARTNER 4 2013 (n-k.A.)	(435)	(385)		(825)
Vergewaltigung bekannt	9	6		8

2021 (63h): Haben Sie das Folgende schon erlebt? - Mir sind Jungen/Männer bekannt, die zum Geschlechtsverkehr gezwungen wurden. AM siehe oben

2013 (57k): Haben Sie das Folgende erlebt? - Mir sind Jungen Männer bekannt, die durch Gewalt oder Drohung zum Geschlechtsverkehr gezwungen wurden. AM siehe oben

Jede*r dritte diversgeschlechtliche Jugendliche (39%), jede vierte weibliche (24%) und jeder vierzehnte männliche Jugendliche (7%) geben an, bereits einen Vergewaltigungsversuch erlebt zu haben. Trotz mehrfach veränderter Fragestellung in früheren Studien ist hier von einem historischen Anstieg auszugehen (Tab. 4.3.3.). Lebenszeitlich betrachtet (im Vergleich mit *PARTNER 5 Erwachsene*) steigt die Erfahrung mit Vergewaltigungsversuchen im Erwachsenenalter bei allen Geschlechtern weiter deutlich an.

Tab. 4.3.3.: Vergewaltigungsversuch selbst erlebt

% „ja"	weiblich	männlich	divers	gesamt
PARTNER 5 2021 (n-k.A.)	(434)	(230)	(38)	(702)
Vergewaltigungsversuch erlebt	24	7	39	19
PARTNER 4 2013 (n-k.A.)	(432)	(390)		(826)
Vergewaltigungsversuch erlebt	15	5		10
PARTNER III 1990 (n-k.A.)	(297)			
Vergewaltigungsversuch erlebt	11			
PARTNER 5 Erwachsene 2020 (n-k.A.)	(1598)	(1145)	(105)	(2848)
Vergewaltigungsversuch erlebt	43	12	57	31

2021 (63i): Haben Sie das Folgende erlebt? - Jemand versuchte, mich zum Geschlechtsverkehr oder anderen sexuellen Handlungen zu zwingen. 1=ja, mehrmals; 2=ja, einmal; 3=nein

2013 (57i): Haben Sie das Folgende erlebt? - Jemand versuchte, mich gegen meinen Willen zu Sex und Zärtlichkeit zu bringen. 1=ja, mehrmals; 2=ja, einmal; 3=nein

1990 (378, nur weiblich): Hat schon einmal ein fremder Mann versucht, Sie zu vergewaltigen?

Erwachsene 2020 (64c): Fragestellung siehe Jugendliche.

Bereits erlebte Vergewaltigungen sind seltener als Versuche, aber auch hier scheint eine historische Zunahme wahrscheinlich (Tab. 4.3.4.). Der Vergleich mit den Daten der *PARTNER 5-Erwachsenenstudie* zeigt, dass etwa die Hälfte der schweren sexuellen Übergriffserlebnisse in Kindheit oder Jugend erfolgen.

Tab. 4.3.4.: Vergewaltigung selbst erlebt

% „ja"	weiblich	männlich	divers	gesamt
PARTNER 5 2021 (n-k.A.)	(434)	(229)	(38)	(701)
Vergewaltigung erlebt	14	3	21	11
PARTNER 4 2013 (n-k.A.)	(435)	(385)		(825)
Vergewaltigung erlebt	5	2		3
PARTNER III 1990 (n-k.A.)	(297)			
Vergewaltigung erlebt	8			
PARTNER 5 Erwachsene 2020 (n-k.A.)	(1593)	(1144)	(105)	(2842)
Vergewaltigung erlebt	30	9	45	22

2021 (63j): Ich wurde zu Geschlechtsverkehr oder anderen sexuellen Handlungen gezwungen. 1=ja, mehrmals; 2=ja, einmal; 3=nein
2013 (57l): Ich wurde durch Gewalt oder Drohung zum Geschlechtsverkehr oder zu einer anderen sexuellen Handlung gezwungen. 1=ja, mehrmals; 2=ja, einmal; 3=nein
1990 (377, nur weiblich): Nach Frage 376 (siehe Tab.4.3.2.): Haben Sie sich selbst schon einmal in einer solchen Situation befunden? 1=ja, mehrmals; 2=ja, einmal; 3=nein
Erwachsene 2020 (64d): Fragestellung siehe Jugendliche.

Eine Einseitigkeit der PARTNER-Studien besteht darin, dass beim Thema sexuelle Belästigung und Gewalt ganz überwiegend Opfererfahrung erfragt wurde. Insbesondere bei den leichteren Formen von Übergriffen wäre auch die Erkundung von Täterschaft sinnvoll gewesen. Diese wurde lediglich bezogen auf Vergewaltigungsversuche erfragt. Immerhin 4% der männlichen Jugendlichen (weiblich 1%, divers 3%/ Tab. 4.3.5.) bestätigen, das bereits getan zu haben. Aussagen zu historischen Tendenzen sind aufgrund der geringen Fallzahlen nicht möglich.

Tab. 4.3.5.: Vergewaltigungsversuch selbst praktiziert

% „ja"	weiblich	männlich	divers	gesamt
PARTNER 5 2021 (n-k.A.)	(432)	(229)	(38)	(699)
Vergewaltigungsversuch praktiziert	1	4	3	3
PARTNER 4 2013 (n-k.A.)	(435)	(390)		(829)
Vergewaltigungsversuch praktiziert	0	2		0
PARTNER III 1990 (n-k.A.)		(327)		
Vergewaltigungsversuch praktiziert		3		

2021 (63k): Ich habe selbst versucht, jemanden zum Geschlechtsverkehr oder anderen

sexuellen Handlungen zu zwingen. 1=ja, mehrmals; 2=ja, einmal; 3=nein
2013 (57m): Ich habe selber versucht, jemanden durch Gewalt oder Drohung zum
Geschlechtsverkehr oder zu einer anderen sexuellen Handlung zu zwingen. 1=ja,
mehrmals; 2=ja, einmal; 3=nein
1990 (378, nur männlich): Nach Frage 376 (siehe Tab.4.3.2.): Haben Sie sich selbst schon
einmal versucht, so etwas zu tun? 1=ja, mehrmals; 2=ja, einmal; 3=nein

Exkurs: Das erste Mal

„Das erste Mal" wird in den PARTNER-Jugendstudien traditionell ausführlich
exploriert. Auch wenn heutzutage selbstverständlich ist, dass es sich beim
ersten Partnersex nicht notwendig um eine heterosexuelle Konstellation
oder um eine penetrative Praxis handeln muss, wird nach dem „ersten
Geschlechtsverkehr" gefragt, und die allermeisten können dieses erste Mal
gut erinnern. Gefragt wurde nach Alter, Initiative, Partnerstatus, Verhütung,
Gesamteindruck – Charakteristika, die in späteren Auswertungen dargestellt
werden (die allgemeine Übersicht ist dem Tabellenband auf den Seiten
119 ff zu entnehmen). Hier nur soviel, dass sich in den zurückliegenden
Jahrzehnten eine zunehmende Symmetrie, Verantwortlichkeit und Wechsel-
seitigkeit entwickelt hat und dass, historisch konstant, 70 bis 80% der ersten
Male in einer festen Liebesbeziehung stattfinden. Andererseits unterliegt
der Gesamteindruck des ersten Mals auch einer Entdramatisierung oder
Banalisierung: der erste Partnersex wird seltener als früher als etwas ganz
Angenehmes oder etwas ganz Unangenehmes beschrieben, öfter dagegen
als etwas nichts sonderlich Beeindruckendes.

Gefragt wurde auch, ob der erste Geschlechtsverkehr gegen den eigenen
Willen, also unter Zwang erfolgte. Das ist nach den aktuellen Ergebnissen bei
8% der weiblichen, 15% der diversen und 6% der männlichen Jugendlichen
der Fall. Die historische Tendenz ist leicht steigend (Tab. 4.3.6.), allerdings
nicht statistisch zu sichern.

Tab. 4.3.6.: Erster Geschlechtsverkehr gegen den Willen

% „ja" (oft/hin und wieder/ selten)	weiblich	männlich	divers	gesamt
PARTNER 5 2021 (n-k.A.)	(250)	(114)	(20)	(384)
% „ja"	8	6	15	8
PARTNER 4 2013 (n-k.A.)	(289)	(249)		(543)
% „ja"	6	2		4
PARTNER III 1990 (n-k.A.)	(425)			
% „ja"	4			
PARTNER 5 Erwachsene (n-k.A.)	((1730)	(1243)	(116)	(3089)
% „ja"	6	1	9	4

2021/ 2013: Erfolgte der erste Geschlechtsverkehr gegen ihren Willen?

1990: Gehören Sie zu denen, die gegen Ihren Willen zum ersten Geschlechtsverkehr gezwungen wurden?

1=ja; 2=nein

70% derjenigen, die ihr erstes Mal unter Zwang erlebten, berichten von einer (40%) oder mehreren (30%) Vergewaltigungserfahrungen. Das nicht konsensuelle erste Mal wird demzufolge nicht immer, aber doch überwiegend mit einer Vergewaltigung gleichgesetzt.

4.4 Belastungserleben

Im Anschluss an die Abfrage der diversen Formen und Orte erlebter sexueller Übergriffe wurde gefragt: „Wie stark leiden Sie gegenwärtig unter diesen Erlebnissen?". Intendiert war, dass spontan eine emotionale Befindlichkeit geäußert wird, entweder einem konkreten Ereignis zuordnet oder eher summarisches Produkt erlebter sexueller Übergriffe. (Im weiteren Befragungsverlauf wurde dann nach dem konkreten belastendsten Erlebnis befragt – siehe 5.)

Die diversen und die weiblichen Jugendlichen haben nicht nur häufiger Übergriffe erlebt, sie leiden auch deutlich stärker darunter als die männlichen Befragten. Jede vierte junge Frau leidet sehr stark oder stark, nur jede dritte fühlt sich gar nicht belastet. Bei den jungen Männern äußern 7% starkes Leid, während die Mehrheit (59%) sich überhaupt nicht belastet fühlt (Tab. 4.4.1.).

Tab. 4.4.1.: Belastungserleben

% (n-k.A.)	Leidensdruck			
	Sehr stark	**Stark**	**Kaum**	**Überhaupt nicht**
Weiblich (323)	5	20	43	32
Männlich (99)	2	5	34	59
Divers (34)	9	21	46	24
Gesamt (456)	5	16	42	37

In Tab. 4.4.2. sind die Ereignisse/ Orte dargestellt, die sich am stärksten auf das Belastungserleben auswirken, in der Rangfolge ihrer Einflussstärke. (Alle Einflussgrößen gehen als drei- oder vierstufig skalierte Häufigkeiten in die Berechnung ein.)

Erwartungsgemäß führen Vergewaltigungen oder entsprechende Versuche am stärksten zu nachhaltigen Belastungen, das trifft – insbesondere bei den weiblichen Jugendlichen – ebenso für andere Hands-on-Delikte (Belästigung durch körperliche Übergriffe) zu. Aber auch verbale Belästigungen haben für beide Geschlechter traumatisches Potenzial. Bei den jungen Frauen sind das insbesondere Stalking-Erlebnisse, bei den jungen Männern sind es (in unerwartet starker Weise) auch erlebte Belästigungen durch sexistische Musik.

Die vergleichsweise seltenen sexuellen Übergriffserlebnisse in der Herkunftsfamilie sind für alle Geschlechter besonders wirkmächtig im Vergleich zu (häufigeren, aber weniger belastenden) Erlebnissen in Schule oder Freizeitbereichen. Die relativ häufigen Belästigungen im Internet führen zu vergleichsweise geringer (wenngleich immer noch signifikant nachweisbarer) Belastung.

Tab. 4.4.2.: Einflussgrößen auf den aktuellen Leidensdruck im Überblick

Korrelationskoeffizient r		
	weiblich	**männlich**
63i: Jemand versuchte, mich zu Geschlechtsverkehr oder anderen sexuellen Handlungen zu zwingen.	.47**	.40**
63j: Ich wurde zu Geschlechtsverkehr oder anderen sexuellen Handlungen gezwungen.	.38**	.47**

57b: Belästigung durch unerwünschte, unnötige körperliche Berührungen	**.44****	**.29****
57a: Belästigung durch Worte (z.B. sexuell anzügliche Bemerkungen, Witze, Kommentare über andere Personen)	**.33****	**.34****
57j: Stalking (Belästigung durch unerwünschte Liebesbezeugungen, Geschenke u.a.)	**.35****	.05
57f: Belästigung durch Musik (z.B. sexistischen Rap)	**.14***	**.42****
57d: Belästigung durch ungewollte Konfrontation mit Bildern/Videos sexuellen Inhalts /z.B. Pornoclips)	**.15***	**.31****
63f: Ich wurde in der Familie sexuell belästigt.	**.38****	**.36****
59: Belästigung/Gewalt in Freizeitbereich/Öffentlichkeit	**.30****	**.29****
58: Belästigung/ Gewalt in Schule	**.26****	**.29****
60: Belästigung im Internet	**.22****	**.20***

Signifikante Zusammenhänge sind fett gedruckt: ** = p <.001; *= p <.05.

5. Das belastendste Erlebnis

In den jährlich durch Bund und Länder veröffentlichten polizeilichen Kriminalstatistiken werden unter der Rubrik „Straftaten gegen die sexuelle Selbstbestimmung" die polizeilich angezeigten Fälle sexualisierter Gewalt aufgeführt. Das ist das so genannte Hellfeld. Das Dunkelfeld betrifft die nicht angezeigten Fälle bzw. das gesellschaftliche Gesamtaufkommen sexualisierter Gewalthandlungen. Dunkelfeldstudien ermitteln an großen repräsentativen Zufallsstichproben dieses Gesamtaufkommen, insbesondere hinsichtlich des sexuellen Missbrauchs im Kindesalter (z.B. Bieneck et al. 2011). In solchen Studien wurde seit den späten 1970er Jahren auch erkundet, wie viele sexuelle Gewalttaten zur Anzeige gelangten. (Ausführlich: Weller 2020.) Insgesamt ist von einem großen Dunkelfeld im Bereich der Straftaten gegen die sexuelle Selbstbestimmung auszugehen.

Im 4. Abschnitt des vorliegenden Berichts wurden bereits strafrechtlich relevante Ergebnisse zu sexueller Belästigung, Vergewaltigung und Vergewaltigungsversuch vorgestellt, an dieser Stelle aber noch nicht das Anzeigeverhalten erhoben, was eine Einordnung der Übergriffe in Dunkel- oder Hellfeld und die Bestimmung einer Dunkelziffer ermöglicht (einem Faktor, mit dem die jeweiligen Hellfeld-Zahlen multipliziert werden können, um das Gesamtaufkommen der jeweiligen Straftat abzuschätzen).

Zur Bestimmung des Anzeigeverhaltens wurden in der Studie *PARTNER 5* all denjenigen, die irgendeine Form der bereits erfragten sexuellen Übergriffe bestätigt hatten gebeten:

Bitte erinnern Sie sich an das Erlebnis, an den sexuellen Übergriff, der Sie am stärksten belastet.

Fragen zu diesem Erlebnis wurden von 360 weiblichen Jugendlichen (69%), 116 männlichen Jugendlichen (39%) und 37 diversgeschlechtlichen Jugendlichen (88%) beantwortet.

Das belastende Erlebnis wurde differenziert charakterisiert nach ...

* Alter der Betroffenen zum Tatzeitpunkt,
* Deliktcharakteristik,
* Charakteristik der Täter*innen (Alter, Geschlecht, Bekanntheit),
* Wahrnehmung des Erlebten als Übergriff,
* Anzeigeverhalten,
* retrospektive Beurteilung des Anzeigeverhaltens,
* Hilfe und Unterstützung der Betroffenen.

5.1 Deliktcharakteristik und Alter der Betroffenen

Die belastenden Ereignisse fanden überwiegend in unmittelbarem Kontakt (offline) statt. Verglichen mit den Ergebnissen der *PARTNER 5-Erwachsenenbefragung* sind allerdings online-Erlebnisse unter den Jugendlichen mit etwa einem Drittel sehr viel häufiger (unter den Erwachsenen lediglich 5%).Das verweist auf die größere Relevanz des „Tatorts Internet" für Jugendliche.[3]

Etwa die Hälfte aller bedeutsamen Erlebnisse bei den weiblichen und diversen Jugendlichen sind Hands-on-Delikte (also Taten mit Körperkontakt), bei den männlichen lediglich ein Viertel. Sie gehen zumeist mit anderen (nichtkörperlichen) Formen von Übergriffen einher. Reine Hands-off- Delikte gibt es ebenfalls zur Hälfte (weiblich/divers) bei den männlichen Jugendlichen überwiegen sie zu drei Viertel. (Die Unterscheidung von Hands-on- und Hands-off-Delikten ist die einzige disjunkte Typisierung des besonderen Erlebnisses, alle anderen Kriterien sind lediglich Teil-Charakteristika.)

Tab. 5.1.1.: Deliktcharakteristika

% „ja" (n-k.A.)	weiblich (360)	männlich (116)	divers (37)	gesamt (513)
online	31	23	32	30
offline	65	41	65	59

---

3 Die Frage nach der Charakterisierung des belastenden Erlebnisses intendierte ein *entweder* (online) oder (offline) bzw. ein *sowohl-als-auch*. Dass insbesondere unter den männlichen Jugendlichen relativ viele ein *weder-noch* angaben, offenbart Verständnisschwierigkeiten.

durch andere erzwungene sexuelle Handlungen (z. B. Oralverkehr, Geschlechtsverkehr)	13	7	19	12
durch erzwungene Küsse oder Begrabschen	47	23	49	42
Hands-on-Delikte (mind. eine Form von Körperkontakt)	**49**	**26**	**57**	**44**
verbal (z.B. durch sexualisierte Sprache oder Bedrohung)	55	30	65	50
durch ungewolltes Zeigen von Geschlechtsteilen	35	19	35	32
durch ungewolltes Zeigen von Nacktbildern/Pornografie	29	19	32	27
„reine" Hands-off-Delikte (ohne Körperkontakt)	**51**	**74**	**43**	**56**
durch etwas anderes	9	8	15	9

Fragetext: Was ist passiert? Das Erlebnis erfolgte ... Antwortpositionen (AP): 1= Ja, 2 = Nein

Zum Alter der Betroffenen:

Ein Viertel der Befragten – männlich wie weiblich – erinnert einen sexuellen Übergriff in der Kindheit, diversgeschlechtliche zu 40% (vgl. Tab. 5.1.2.). Das sind die (relativ unabhängig vom konkreten Delikt) strafrechtlich relevanten Fälle sexuellen Missbrauchs von Kindern.

Tab. 5.1.2.: Alter der Betroffenen beim belastendsten Erlebnis

	alle Erlebnisse			
%	weiblich	männlich	divers	gesamt
(n-kA)	(275)	(63)	(30)	(368)
Bis 6 Jahre	2	0	10	2
7 - 10 Jahre	4	3	7	4
11-13 Jahre	17	21	23	18
14 Jahre	16	19	30	18
15 Jahre	28	21	13	25
16 - 18 Jahre	33	36	17	31
Gesamt	100	100	100	100

5.2 Charakteristik der Täter*innen

In Bezug auf die Täter*innen beim belastendsten Erlebnis wurde Geschlecht, Alter und Bekanntheit erfasst.

Insgesamt sind über 90% der Täter*innen männlich, die weiblichen Jugendlichen geben zu 97% männliche Täter an, jeder vierte männliche Jugendliche (24%) berichtet von einem Übergriff durch eine Frau. Die Mehrheit der Befragten (weiblich 55%, männlich 66%, divers 69%) berichten Erlebnisse durch bekannte Täter*innen, also in der Familie oder im sozialen Umfeld (Tab. 5.2.1.).

Tab. 5.2.1.: Tätercharakteristik – Geschlecht und Bekanntheit

%	Geschlecht Täter*in	Bekanntheit Täter*in		
Betroffene (n-kA)	**weiblich**	**männlich**	**bekannt**	**unbekannt**
weiblich (308)	3	97	55	45
männlich (67)	24	76	66	34
divers (33)	6	94	69	31
gesamt (408)	7	93	58	42

(Diverse Täter*innen wurden nur in der Online-Variante erfragt, vgl. Tabellenband, S.226)

Für die strafrechtliche wie die psychologische Beurteilung von Übergriffen im Kindes- und Jugendalter spielt das Täter*innenalter eine gewisse Rolle (so sind z.B. kindliche Täter noch nicht strafmündig und die Altersdifferenz zwischen Opfer und Täter gibt Hinweise auf ein Machtgefälle). 21% aller Übergriffserlebnisse in der Kindheit wurden ebenfalls von Kindern verübt, weitere 21% von Jugendlichen. 41% aller Erlebnisse im Jugendalter wurden ebenfalls von Jugendlichen verübt (Tab. 5.2.2.). Folglich wurden rund 60% der Übergriffe im Kindes- oder Jugendalter von Erwachsenen ausgeübt.

55% der weiblichen Jugendlichen, 66% der männlichen und 69% der diversen war der Täter / die Täterin bekannt. Betroffenen Kindern sind die Täter*innen häufiger bekannt als Jugendlichen, zwei Drittel aller Übergriffe in der Kindheit (69%) erfolgen durch bekannte Personen aus dem familiären oder sozialen Nahraum (Tab. 5.2.2.).

Tab. 5.2.2.: Tätercharakteristik – Alter und Bekanntheit nach Alter der Betroffenen

%	Alter Täter*in			Bekanntheit Täter*in „ja"
Betroffene (n-kA)	**Bis 13 Jahre**	**14-17 Jahre**	**18 und älter**	
Bis 13 Jahre (87)	21	21	58	**69**
14-15 Jahre (150)	0	41	59	59
16-18 Jahre (112)	-	29	71	58

5.3 Mitteilung an Dritte und Anzeigeverhalten

61% der weiblichen Betroffenen haben sich nach dem Übergriffserlebnis jemandem anvertraut, bei diversen und männlichen Betroffenen sind es deutlich weniger (49% bzw. 37%/ Tab.5.3.1.). Die in der Erwachsenenstudie getroffene Aussage, wonach sich Betroffene sexueller Gewalt heutzutage viel häufiger Dritten mitteilen als früher, muss aufgrund dieser Ergebnisse relativiert bzw. differenziert werden. Auf den ersten Blick unterscheiden sich die Daten der Erwachsenen von denen der Jugendlichen nicht. In der Erwachsenenstudie wurde ermittelt, dass die weiter zurückliegenden Delikte seltener kommuniziert wurden als die aktuellen (das war der Anlass zur Annahme einer historischen Entwicklung). Dahinter steht jedoch nicht in erster Linie die vermutete historische Entwicklung (i.S. gesellschaftlicher Enttabuisierung), sondern der Fakt, dass Delikte, die im Erwachsenenalter erlebt werden, häufiger kommuniziert werden, als solche in Kindheit oder Jugendalter. Gleichwohl lässt sich die These der angewachsenen Enttabuisierung aufrecht erhalten. Zumindest für Mädchen gilt (und ist aufgrund der Stichprobengröße nachweisbar), dass sie Übergriffe in der Kindheit heutzutage viel häufiger Dritten mitteilen als früher.

Tab. 5.3.1.: Mitteilung an Dritte – Sich jemandem anvertraut

% (n-k.A.)	Sich jemandem anvertraut „ja"
weiblich (317)	61
männlich (67)	37
divers (33)	49
gesamt (419)	56
PARTNER 5 Erwachsene	
weiblich (1081)	61

männlich (223)	43
divers (77)	57
gesamt (1383)	58
PARTNER 5 Jugendliche weiblich, Übergriff bis 13 Jahre (65)	**60**
PARTNER 5 Erwachsene weiblich, Übergriff bis 13 Jahre (236)	**39**
PARTNER 5 Jugendliche männlich, Übergriff bis 13 Jahre (14)	29
PARTNER 5 Erwachsene männl., Übergriff bis 13 Jahre (66)	30

Während in der Erwachsenenstudie gezeigt werden konnte, dass verschiedene soziokulturelle Bedingungen einen Einfluss darauf haben, inwieweit sich Betroffene nach sexuellen Übergriffserlebnissen jemandem anvertrauen können (z.B. hatte die Bildung einen Einfluss), lassen sich in der Jugendstudie keine systematischen Einflüsse nachweisen. Weder der eigene noch der Bildungsgrad der Eltern, noch das Verhältnis zu den Eltern, weder die Eingebundenheit in eine peer group noch die Spezifik des Delikts beeinflussen systematisch die Häufigkeit der Mitteilung an Dritte. Die Hauptdeterminante ist die Geschlechtszugehörigkeit: Männlichen Betroffenen von sexueller Gewalt teilen sich seltener mit, was vermutlich daran liegt, dass es ihnen schwerer fällt, sich als Opfer wahrzunehmen.

Die folgenden Ergebnisse betreffen das Anzeigeverhalten, die Häufigkeit, mit der lebensgeschichtlich bedeutsame Übergriffserlebnisse polizeilich angezeigt wurden. Ihre differenzierte Betrachtung ermöglicht die Berechnung sogenannter Dunkelziffern (die Relationen von angezeigten zu nichtangezeigten Delikten); die In-Bezug-Setzung zum Hellfeld der polizeilichen Anzeigestatistik lässt Dunkelfeldschätzungen zu. (Wenngleich im Gesamtbericht weitgehend mit gerundeten Prozentwerten gearbeitet wird, werden im Folgenden Kommastellen ausgewiesen, um relevante Differenzierungen besser deutlich zu machen. Einige Differenzierungen sind aufgrund der Stichprobengröße nur bei der größeren Gruppe der weiblichen Jugendlichen statistisch sinnvoll.)

Von allen lebensgeschichtlich bedeutsamen Übergriffserlebnissen wurden 8,3% angezeigt (bezogen auf die Stichprobe sind das 35 Jugendliche, die von einem Delikt berichten, dass sie angezeigt haben). Weibliche Jugendliche sind nicht nur viel häufiger als Männer von sexualisierter Gewalt betroffen, sie zeigen auch – über alle Delikte hinweg – etwas häufiger an (Tab. 5.3.2). Die Werte liegen etwas höher als in der *PARTNER 5-Erwachsenenstudie* und sie bestätigen die dort (beim Altersvergleich) gefundene Tendenz der historischen Zunahme der Anzeigebereitschaft.

Sexuelle Übergriffe im Kindesalter werden überdurchschnittlich häufig und bei beiden Geschlechtern in ähnlich häufiger Weise angezeigt: bei Mädchen zu 23,1% bei Jungen zu 21,4% (Tab. 5.3.2.). Trotz der geringen Fallzahlen lässt sich – unter Bezug auf die Ergebnisse der Erwachsenenstudie feststellen: Während vor 30 Jahren nur etwa jeder fünfundzwanzigste Fall sexuellen Missbrauchs von Kindern zur Anzeige gelangte, ist es in den letzten Jahren mindestens jeder fünfte.

Tab. 5.3.2.: Anzeigehäufigkeit nach Geschlecht und Alter beim Delikt

(n-k.A.)	Anzeige erstattet „ja" %
gesamt (421)	8,3
weiblich (318)	**9,1**
männlich (68)	7,4
divers (35)	2,9
Alter der Betroffenen	
bis 13 Jahre weiblich (sexueller Missbrauch von Kindern) (65)	**23,1**
14-15 Jahre weiblich (Delikte gegenüber Jugendlichen) (120)	5,8
16-18 Jahre weiblich (89)	3,4
bis 13 Jahre männlich (sexueller Missbrauch von Kindern) (14)	**21,4**
14-15 Jahre männlich (Delikte gegenüber Jugendlichen) (25)	4,0
16-18 Jahre männlich (20)	0,0

Eine weitere relevante Einflussgröße auf das Anzeigeverhalten ist die Bekanntheit des*der Täter*in. Fremdtäter werden häufiger angezeigt als bekannte Täter (Tab. 4.3.5.). (Hier wie auch bei diversen weiteren Differenzierungen sind die Ergebnisse auf Basis der deutlich größeren Erwachsenenstichprobe aussagekräftiger.)

Tab. 4.3.5.: Anzeigeverhalten nach Bekanntheit des Täters

(n-k.A.)	Anzeige erstattet „ja" %
Täter*in bekannt - gesamt (242)	7,0
Täter*in unbekannt - gesamt (175)	10,3
Täter*in bekannt - weiblich (173)	8,7
Täter*in unbekannt - weiblich (141)	9,9
Täter*in bekannt - männlich (45)	4,4
Täter*in unbekannt - männlich (23)	13,0

Aus der Erwachsenenstudie ist bekannt, dass die konkreten Delikte – in Abhängigkeit von der Geschlechterposition – sehr unterschiedlich häufig angezeigt werden.

Die größte Anzeigehäufigkeit existiert bei Vergewaltigungen und exhibitionistischen Übergriffen, insbesondere dann, wenn es sich um unbekannte Täter handelt. Aufgrund der geringen Zahl betroffener männlicher Jugendlicher sind seriöse Geschlechtervergleiche nicht möglich (Tab. 4.3.6.).

Tab. 4.3.6.: Anzeigeverhalten nach Delikt

(n-k.A.)	Anzeige erstattet „ja" %
Delikte - weiblich:	
Erzwungene sexuelle Handlungen (46)	13,0
Ungewolltes Zeigen von Geschlechtsteilen (124)	12,5
Pornos/ Nacktbilder gezeigt (100)	11,0
Ungewolltes Küssen/ Begrabschen (169)	8,9
Delikte – männlich:	
Pornos/ Nacktbilder gezeigt (21)	9,5

Ungewolltes Küssen/ Begrabschen (26)	7,7
Ungewolltes Zeigen von Geschlechtsteilen (22)	4,5
Erzwungene sexuelle Handlungen (8)	0,0

5.4 Retrospektive Beurteilung des Anzeigeverhalten

Die Verarbeitung sexueller Übergriffe hängt von vielen Faktoren ab. Selbst wenn die Erlebnisse strafrechtliche Relevanz haben, führt eine Anzeige nicht zwingend zur Verbesserung der Situation des*der Betroffenen. Umgekehrt kann eine Nichtanzeige sich im Nachhinein als richtig oder falsch erweisen.

Von den 34 Befragten, die seinerzeit ein Delikt zur Anzeige gebracht hatten, sagen 31, dass diese Entscheidung aus heutiger Sicht richtig war (91%; P5 Erwachsene: 88%). Nur wenige betrachten die Anzeige im Nachhinein als einen Fehler. Von den 378 Nichtanzeigern halten 279 (74%; P5 Erwachsene lediglich 55%) das für richtig, 26% hadern mit der seinerzeitigen Entscheidung. Männer halten die Nichtanzeige eher für richtig (86%) als Frauen (72%/ Tab. 5.4.1.).

Tab. 5.4.1.: Retrospektive Beurteilung des Anzeigeverhaltens nach Geschlecht

(n-k.A.) %	angezeigt- richtig	angezeigt – falsch	nicht angezeigt- richtig	nicht angezeigt- falsch
weiblich (310)	(25)	(3)	(203)	(79)
	89	11	72	28
männlich (67)	(5)	(0)	(53)	(9)
	100	0	86	14
Divers (35)	(1)	(0)	(23)	(11)
	100	0	68	32
Gesamt (412)	(31)	(3)	(279)	(99)
	91	9	74	26

Bewertung der Anzeigen:

Aus der *PARTNER 5-Erwachsenenstudie* ist bekannt, dass die wenigen, die ihre Anzeige im Nachhinein als *falsch* ansehen, das tun, weil die Anzeige im Sande verlief, ihnen nicht geglaubt wurde, sie respektlos behandelt wurden, das Ermittlungsgeschehen retraumatisierend wirkte oder die Anzeige gegen ihren Willen erfolgte. In der aktuellen Jugendstudie liegen dazu keine weiterführenden Erkenntnisse vor.

Angesichts der verbreiteten Skepsis gegenüber der Sinnhaftigkeit von Anzeigen ist hervorzuheben, dass rund 90% aller Anzeigen im Nachhinein als *richtig* bewertet werden. In der Erwachsenenstudie wurde herausgearbeitet, dass das der Fall ist, wenn die Betroffenen vor der Anzeige ihr Einverständnis geben konnten und wenn sie von Helfenden und Ermittlungspersonen gut behandelt wurden. Die Richtigkeit der Anzeige wird zumeist begründet mit der Bestätigung eines Gerechtigkeitsempfindens und damit, den Täter gestoppt und weitere Taten verhindert zu haben.

In der Jugendstudie wurden 18 verbale Antworten auf die Frage nach der Entscheidung für eine Anzeige gegeben. Hervorgehoben wird, dass die Eltern ins Vertrauen gezogen werden konnten und Unterstützung leisteten. Die positive Bewertung der Anzeige erfolgt ungeachtet der Tatsache, dass es in den geschilderten Fällen nicht zu Verurteilungen kam:

„Meine Eltern meinten es wäre richtig" (401, w, 18 Jahre, Alter zur Tat 13 Jahre, Täter 60 Jahre)

„Mein Papa sagte ich soll ihn anzeigen." (33, w, 18 Jahre, Alter zur Tat 18 Jahre, Täter 23)

„Natürlich meine Eltern, da ich in meinem Alter nicht genau wusste, was zu tun ist. Aber wie gesagt, hat nichts gebracht, er musste eine Straße weiter umziehen, sonst konnte er direkt die Grundschule beobachten und meine Mutter hat mich bis zur 7. Klasse zur Schule gebracht, wo ich drunter litt, weil ich als Muttersöhnchen galt, obwohl der Täter nahezu direkt an der Bushaltestelle wohnte (wie wir durch Bekannte bei der Polizei rausfanden). Aber ich fand es gut, dass meine Mutter mich brachte, aus früherer und heutiger Ansicht." (667, m, 18 Jahre, Alter zur Tat 9 Jahre, Täter 33 Jahre)

„Ich wollte es nicht auf mir sitzen lassen. Es war nicht das erste Mal, dass ich im Internet sexuell belästigt wurde, aber definitiv der einprägsamste

Vorfall. Ich bin froh, dass ich Anzeige erstattet habe, auch wenn, das Verfahren eingestellt wurde, da ich mich damit irgendwie wehren konnte." (652, w, 17 Jahre, Alter zur Tat 15 Jahre, Täter 17 Jahre)

Bewertung der Nichtanzeigen:

Die retrospektive Bewertung der Richtigkeit / Falschheit der Nichtanzeige variiert stark in Abhängigkeit vom Alter beim Übergriffserlebnis: Je jünger die Befragten zum Zeitpunkt des sexuellen Übergriffs waren, desto eher bezeichnen sie die Nichtanzeige aus heutiger Sicht als falsch (Tab. 5.4.2.).

Tab.5.4.2.: Beurteilung der Nicht-Anzeige nach Alter beim Übergriff

% (n-k.A.)	nicht angezeigt- richtig	nicht angezeigt- falsch
gesamt bis 13 Jahre (71)	63	37
gesamt 14-15 Jahre (149)	75	25
gesamt 16-18 Jahre (108)	81	19

Hinter diesem Zusammenhang steht u.a., ob die Kinder jemanden ins Vertrauen ziehen konnten, ihnen durch Dritte Glauben geschenkt wurde. Betroffene Kinder werden die Entscheidung für oder gegen eine Anzeige i.d.R. nicht selbst getroffen haben. Ein selbstbestimmter Entschluss bzw. die Einbeziehung in die Entscheidung erhöht die Zufriedenheit mit der Nicht-Anzeige (Belege zu dieser Erklärung in den folgenden qualitativen Antworten).

Im Folgenden werden qualitative Antworten auf die Frage „Was hat Ihre Entscheidung (der Nicht-Anzeige) beeinflusst?" angeführt. Unterschieden werden die Antworten hinsichtlich der richtigen bzw. falschen Bewertung der Nicht-Anzeige, wobei keine Begründung der Bewertung erbeten wurden, sondern lediglich Aussagen zu Einflüssen auf die Entscheidung.

Begründungen für Nicht-Anzeigen, die aus heutiger Sicht als falsch beurteilt werden (Auszüge aus 62 Begründungen):

Angst, dass nicht geglaubt wird, dass Beweise fehlen:

„Meine beste Freundin wurde auch vergewaltigt und bei ihr gab es beweise, trotzdem hat der täter nur 2 jahre haft nach einem langen prozess bekommen. Ohne beweise hätte ein prozess nichts gebracht." (804, d, 18 Jahre, Alter zur Tat 13 Jahre, Alter des Täters 19 Jahre)

„Ich kenne ihn nicht, habe keine Beweise, Scham, was soll die Polizei schon tun????" (974, w, 16 Jahre, Alter zur Tat 15 Jahre, Täter 30 Jahre)

„Ich hatte Angst ihn anzuzeigen, weil ich Angst hatte, dass mir nicht geglaubt wird. Ich habe mich körperlich nicht gewehrt sondern nur deutlich mit Worten und Mimik. Ich hatte also keine Beweise für die Vergewaltigung." (625, w, 18 Jahre, Alter zur Tat 14 Jahre, Täter 19 Jahre)

„Kein Vertrauen in die Polizei. Das Gefühl, Schuld zu haben. Das Gefühl zu haben zu übertreiben. Angst vor Konfrontation mit Täter. Angst vor Beschreibung der Situation (vor allem vor Eltern)" (1001, w, 17 Jahre, Alter zur Tat 17 Jahre, Täter 21 Jahre)

Ignoranz durch Personen und Institutionen, fehlende Unterstützung oder aktive Verhinderung durch andere:

„Jungs aus meiner Klasse haben mein Erlebnis runtergespielt und den Täter verteidigt. „Ich solle mich nicht so anstellen, es sei ja nichts passiert und auch keine Vergewaltigung" – Zitat" (480, w, 18 Jahre, Alter zur Tat 15 Jahre, Täter 16 Jahre)

„Ignoranz durch die Autoritäten, denen es mitgeteilt wurde" (120, w, 18 Jahre, Alter zur Tat 16 Jahre, Täter 69 Jahre)

„Meine Schule hat nichts gegen den Täter getan sondern meine beste Freundin bestraft, weil sie den Täter geschlagen hat" (804, w, 16 Jahre, Alter zur Tat 14 Jahre, Täter 14 Jahre)

„Es war falsch, es meinen Eltern zu erzählen, da sie sich nicht interessiert haben und ich mich danach für unwichtig hielt. Der Täter war ein Freund meines Vaters der uns ständig besuchte. Er hat uns weiterhin besucht und alles lief wie immer, obwohl mein Vater von dem Missbrauch wusste, aber anscheinend mir nicht glauben wollte." (1054, w, 16 Jahre, Alter zur Tat 8 Jahre, Täter 60 Jahre)

Unwissenheit, Unsicherheit, Schamgefühle, Gefühl der Mitschuld:

„Ich war naiv und dachte es sei meine Schuld, was völliger Unsinn ist." (395, w, 17 Jahre, Alter zur Tat 13 Jahre, Täter 19 Jahre)

„Das Schuldgefühl, selbst daran schuld zu sein, weil man sich so angezogen hat und sich nicht gewehrt hat." (317, w, 18 Jahre, Alter zur Tat 18 Jahre, Täter 20 Jahre)

„Er hat mich vorher abgefüllt. Ich weiß nicht, ob ich ein Blackout hatte. Jedenfalls hat er sogar vor seiner Familie stolz präsentiert, dass und WIE „wir" es getan haben. Ich weiß nur noch, dass ich nicht wollte und mich schlafen gelegt habe." (731, d, 18 Jahre, Alter zur Tat 16 Jahre, Täter 15 Jahre)

Nichtbefriedigende anderweitige Lösungen

„Ich hatte Angst, dass meine Eltern davon etwas mitbekommen, deshalb hab ich das mit der Person lieber privat und allein geklärt und die Person zeigte sich einsichtig und lässt mich seitdem in Ruhe" (765, w, 17 Jahre, Alter zur Tat 16 Jahre, Täter 16 Jahre)

„Ich habe mich meiner Lehrerin im Sexualkundeunterricht anvertraut, da ich erst dann verstanden habe, dass es falsch war. Ich war zu jung, um Anzeige zu erstatten. Aber ich weiß nicht, ob sie es meinen Eltern gesagt hat. Ich hatte Angst, meine Eltern darauf anzusprechen und ich hatte Jahre später keine Beweise mehr." (1208, w, 18 Jahre, Alter zur Tat 7 Jahre, Täter 16 Jahre)

„besagte Person war ein Mitschüler der mich anderweitig sowieso schon seit der 5. Klasse mobbte, Ermahnungen von Lehrern halfen bei ihm nie. Er hat irgendwann die Klasse und schließlich auch die Schule verlassen." (674, w, 16 Jahre, keine weiteren Angaben)

„Andere Schüler haben bereits diesen Lehrer angezeigt, sodass er von der Schule flog" (581, w, 18 Jahre, Alter zur Tat 14 Jahre, Täter 26 Jahre)

„Ich wurde mehrmals im Club belästigt und die Täter wurden rausgeworfen und ich wollte mich nicht länger mit denen beschäftigen, sondern den Abend genießen." (199, w, 18 Jahre, Alter zur Tat 16 Jahre, Täter 18 Jahre)

Begründungen für Nicht-Anzeigen, die aus heutiger Sicht als richtig bewertet werden (Auszüge aus 136 Begründungen):

Unsicherheit, Scham, Peinlichkeit, Schuldgefühle, die als Erkenntnis-gewinn bewertet werden:

„Schamgefühle, es hat lange gedauert bis ich verstanden habe was passiert ist" (996, w, 18 Jahre, Alter zur Tat 14 Jahre, Täter 14 Jahre)

„Scham; das Gefühl, dass es unwichtig sei" (871, w, 16 Jahre, Alter zur Tat 13 Jahre, Täter 18 Jahre)

„mir war es peinlich, wollte mit niemandem drüber reden" (219, m, 17 Jahre, Alter zur Tat 14 Jahre, Täter(m) 15 Jahre)

„Meine Eltern wussten nichts davon und ich sowie eine Freundin waren sehr betrunken, als es passiert ist" (579, w, 17 Jahre, Alter zur Tat 15 Jahre, Täter 19 Jahre)

„Ich weiß, dass es falsch war, sich überhaupt darauf einzulassen und dass ich hätte vorsichtiger sein müssen. Außerdem wollte ich nicht, dass meine Eltern es mitbekommen." (1053, w 16 Jahre, Alter zur Tat 14 Jahre, Täter 18 Jahre)

„Ich war selbst zu unsicher, um zu sagen, dass ich das nicht möchte" (881, d, 16 Jahre, Alter zur Tat 14 Jahre, Täter 15 Jahre)

„Ich habe mich nicht getraut nein zu sagen und wir waren in einer Beziehung. Am Ende wäre es nur Aussage gegen Aussage" (982, w, 18 Jahre, Alter zur Tat 16 Jahre, Täter 16 Jahre)

„Ich habe mich im Augenblick der Belästigung zwar sehr unwohl gefühlt, aber schon 48 Stunden später war das Ganze für mich Geschichte und hatte keinerlei negative Auswirkungen auf mein Leben." (732, m, 16 Jahre, Alter zur Tat 14 Jahre, Täter 35 Jahre)

„Ich glaube nicht, dass man jemanden ohne Beweise bei der Polizei anzeigen kann und außerdem hätte mir sowieso niemand geglaubt, weil ich betrunken war" (1111, w, 16 Jahre, Alter zur Tat 15 Jahre, Täter 17 Jahre)

„die Tatsache, dass ich selbst angetrunken war und damit bis zu einem gewissen Grad nicht verhindern konnte, bzw. es in dem Moment nicht für störend erachtet habe" (446, w, 17 Jahre, Alter zur Tat 16 Jahre, Täter 17 Jahre)

„es passiert vielen, zu erschöpft für anzeige, scham, täter ist im umfeld bekannt, hab genug mit meinen eigenen gefühlen zu tun; will nicht noch familie und freunde beunruhigen/ mich rechtfertigen müssen" (1226, w, 17 Jahre, Alter zur Tat 17 Jahre, Täter 30 Jahre)

„Die Wahrscheinlichkeit, dass die Personen gefunden werden ist zu gering, außerdem habe ich Angst vor der Reaktion meiner Familie, da ich selbst erotische Bilder verschickt habe, das jedoch nur nach betteln der anderen

Person" (1167, d, 18 Jahre, keine Angaben zum eig. Alter zur Tat, Täter 18 Jahre)

Schutz von Personen (Tätern, aber auch Angehörigen):

„Nahe stehende Person. War vielleicht nicht so gemeint" (972, w, 16 Jahre, Alter zur Tat 15 Jahre, Täter 45 Jahre)

„Meine Familie hätte sich nur unnötig Sorgen gemacht" (1101, w, 18 Jahre, Alter zur Tat 15 Jahre, keine Angabe zum Täter)

„Ich war zu jung um es beurteilen zu können und dachte es wäre normal. Erst Jahre später ist mir klar geworden, dass das nicht ok war. Mein Vater hat auf meine Erzählungen mit „Er ist doch nur ein alter Mann, vielleicht wollte er ja wirklich nur schauen" geantwortet. Meine Mutter und Stiefmutter haben es ernst genommen. Im Nachhinein würde ich keine Anzeige erstatten, ich gehe nicht davon aus, dass mein Opa noch sehr lange lebt." (377, d, 17 Jahre, Alter zur Tat 7 Jahre, Täter 80 Jahre)

„Ich habe diese Person geliebt und er ist sich bis heute nicht bewusst, dass das was passiert nicht in Ordnung war, denn ich wollte damals nicht. ich habe nein gesagt, bis er mich überredet hatte, dann hab ich es zugelassen, obwohl ich es nicht wollte." (1029, w, 17 Jahre, Alter zur Tat 17 Jahre, Täter 20 Jahre)

„Es war mein Exfreund, der mich zum Sex ‚gezwungen' hat." (122, w, 18 Jahre, Alter zur Tat 17 Jahre, Täter 16 Jahre)

„Es war mein ehemaliger Partner, 4 Jahre älter als ich (2 Monate lange erste Beziehung), der sich nach der Trennung über Monate an mich geklammert hat. Obwohl ich sehr darunter gelitten habe, war die Trennung wegen seines Zustandes (Depression, Burnout) wohl schon Strafe genug." (956, w, 18 Jahre, Alter zur Tat 15 Jahre, Täter 18 Jahre)

„Es war ein Date und die Personen gingen in meine Klasse. Zu dem Zeitpunkt fasste ich es nicht als sexuelle Belästigung oder Gewalt auf." (315,
d, 18 Jahre, Alter zur Tat 15 Jahre, Täter 15 Jahre)

„Es war in einer Clique und ich wollte nicht übertrieben klingen." (365, w,
16 Jahre, Alter zur Tat 11 Jahre, Täter 13 Jahre)

„Er war in einer Beziehung zu meiner Schwester und sie war immer noch
stark in ihn verliebt." (434, w, 18 Jahre, Alter zur Tat 15 Jahre, Täter 22 Jahre)

„den Zwang es meiner Mutter erzählen zu müssen, welche sich ohnehin
sorgt" (140, w, 17 Jahre, Alter zur Tat 16 Jahre, Täter38 Jahre)

„Der Fakt, dass es sich um meinen Vater handelt und keine Beweise existieren." (275, d, 16 Jahre, Alter zur Tat 126 Jahre, Täter 53 Jahre)

**Vorkommnisse werden als nicht so bedeutsam, nicht intendiert oder
„normal" bewertet:**

Selbstbewusstsein, ich konnte Nein sagen und mich wehren, empfand es
damals leider nicht als so schlimm, sondern als normal" (1161, w, 18 Jahre,
Alter zur Tat 16 Jahre, Täter 18 Jahre)

„Es war nur eine kleine Belästigung mit einer sehr nahestehenden Person,
die nicht verstanden hat das ich es langsam angehen lassen wollte." (168,
w, 16 Jahre, Alter zur Tat 14 Jahre, Täter 16 Jahre)

„Es war nur die Frage und er hat mich nicht angefasst" (1174, w, 18 Jahre,
Alter zur Tat 17 Jahre, Täter 19 Jahre)

„Es war mir eher peinlich und ich habe mit einer Freundin darüber gelacht,
also es war keine Bedrohung für mich." (323, w, 17 Jahre, Alter zur Tat nicht
angegeben, Täter 30 Jahre)

„Finde es noch nicht genug, wegen einem ungefragten Bild zur Polizei zu gehen. Denke aber, dass ist eher die Einstellung, aufgrund der Tatsache, dass ich ebenfalls männlich bin." (851, m, 17 Jahre, Alter zur Tat 16 Jahre, Täter 18 Jahre)

„Es waren unnötige Berührungen eines Lehrers und sein latenter Sexismus, die er bei vielen Schülerinnen angewandt hat. Das war mir damals überhaupt nicht bewusst, ich sehe es erst heute als kritisch. Ich denke kaum, dass die Polizei irgendwas gemacht hätte, weil es doch sehr subtil (aber deswegen nicht weniger unangebracht) war." (205, w 18 Jahre, Alter zur Tat 14 Jahre, Täter 55 Jahre)

„Es war der „klassische Schwanzvergleich" auf Klassenfahrt. Alle Jungs aus dem Zimmer machten mit. Ich also auch, obwohl ich es nicht wirklich wollte." (811, m, 17 Jahre, Alter zur Tat 13 Jahre)

„Es hat mich nicht wirklich gestört. Ich habe die Personen blockiert und somit hat sich das Thema für mich erledigt. Ich bekomme ständig Nacktbilder von Typen geschickt." (729, w, 17 Jahre, keine weiteren Angaben)

5.5 Inanspruchnahme von Hilfe und weitere Unterstützungsbedarfe

Weiter oben wurde festgestellt, dass sich 61% der Mädchen / Frauen, 37% der Jungen / Männer und 49% der diversen Personen, die ein besonderes Übergriffserlebnis berichteten, jemandem anvertraut haben. Weiter wurde erfragt: *Inwieweit haben Sie Hilfe und Unterstützung bei der Bewältigung dieses Erlebnisses erhalten?* 36% der weiblichen, 27% der männlichen und 38% der diversen Betroffenen bestätigen, Hilfe erhalten zu haben (Tab. 5.5.1.). Das zeigt, dass nicht jede ins Vertrauen gezogene Person sich als hilfreich erwiesen hat. Nur eine Minderheit der Befragten hätte gern weitere Hilfe. Die Mehrheit der Betroffenen (58% weiblich, 70% männlich) hat weder Hilfe erhalten noch einen entsprechenden Bedarf. Die diversgeschlechtlichen Jugendlichen sind die vulnerabelste Gruppe mit dem vergleichsweise größten Hilfebedarf.

Tab. 5.5.1.: Inanspruchnahme von Hilfe und weitere Unterstützungsbedarfe nach Geschlecht

% „Ja" (n-k.A.)	weiblich (311)	männlich (68)	divers (34)	gesamt (413)
Ich habe bereits Hilfe bekommen.	36	27	38	34
Ich hätte gern weitere Hilfe.	13	6	21	13
Typenbildung:				
Bereits Hilfe erhalten und weiterer Bedarf	6	2	6	5
Bereits Hilfe erhalten und kein weiterer Bedarf	28	24	30	28
Noch keine Hilfe, aber Bedarf	8	4	15	8
Noch keine Hilfe erhalten und auch kein Bedarf	58	70	49	59

Wer sich nach dem einprägsamsten Erlebnis jemandem anvertraut bzw. Hilfe erhalten hat, wurde gefragt: *Haben Sie durch die nachfolgenden Personen bzw. Institutionen Hilfe und Unterstützung erhalten?* In Tab.5.5.2. werden die Personen bzw. Institutionen dargestellt, durch die die Befragten Unterstützungen erfuhren.

Die wichtigsten Ansprechpartner*innen für Betroffene sexualisierter Gewalt sind Freundinnen und Freunde. Es folgen – mit deutlichem Abstand – die Mütter und Liebes-Partner*innen. Es ist nicht überraschend, dass es das persönliche Umfeld ist, das als vertrauensvoll und sicher empfunden wird, um die Erfahrungen sexualisierter Gewalt und Grenzverletzung zu teilen. Das trifft, wenngleich schon in geringerem Maße, auch für Väter, Geschwister und andere Verwandte zu. Eltern und Familie werden in der vorliegenden Jugendstudie sehr viel häufiger als Ansprech- und Hilfspersonen genannt als in der Erwachsenenstudie. So benennen die jugendlichen Frauen zu 44% ihre Mütter als Hilfeperson, die erwachsenen Frauen lediglich zu 21%. (Und letztere haben auch bei Übergriffen in Kindheit oder Jugendalter wesentlich seltener ihre Mütter ins Vertrauen gezogen.) Daraus lässt sich folgern, dass betroffene Kinder und Jugendliche bei ihren Eltern bzw. in ihren Familien leichter als früher Ansprechpartner finden.

Was die professionelle Unterstützung betrifft, so rangieren zwar Fachberatungsstellen, Lehrer*innen oder Sexualpädagog*inne auf den unteren Rangplätzen, aber in der Summe sind die professionellen Helfer*innen gut vertreten. So werden in der Rubrik „andere" Ansprechpartner*innen fast ausschließlich Psycholog*innen bzw. Psychotherapeut*innen genannt, so dass insgesamt etwa 40% der Befragten eine professionelle Hilfsperson benennen.

Tab. 5.5.2.: Ansprechpartner*innen für Hilfe und Unterstützung nach Geschlecht

% (n-k.A.)	weiblich (108)	männlich (18)	divers (11)	gesamt (137)
Freund*innen	83	78	75	81
Mutter	44	28	55	42
Partner*innen	32	29	73	35
Vater	23	17	18	22
Geschwister	23	6	25	21
andere Verwandte	14	17	17	14
Fachberatungsstelle	12	6	18	12
Lehrer*innen	9	6	18	10
Sexualpädagog*innen	3	6	9	4
andere	18	25	27	19

6. Fazit

Im Folgenden – anknüpfend an die unter Ergebnisse auf einen Blick bereits erfolgte Zusammenfassung der Hauptergebnisse – einige verallgemeinerte Erkenntnisse zu den Berichtsteilen, methodenkritische Reflexionen zu Ertrag und Grenzen der Studie sowie ein Ausblick auf weitere Auswertungen.

Verschiedene Auswertungsperspektiven: Die Studie *PARTNER 5 Jugendliche* besitzt drei empirische Auswertungsebenen – die des (aufgrund der Stichprobengröße und -besonderheit mitunter limitierten) Binnenvergleichs, die des historischen Vergleich zu den Studien *PARTNER 4* 2013 und punktuell auch früherer Jugendstudien sowie die zur wenige Monate früher erhobenen Erwachsenenstudie *PARTNER 5*. Damit lassen sich Befunde zu historischen Entwicklungen und zum aktuellen Stand auf vielfache Weise prüfen, validieren, ggf. relativieren. Mitunter schränkt die Vielfalt der Vergleichsmöglichkeiten die Übersichtlichkeit ein und an manchen Stellen werden nicht alle Zwischenschritte der Auswertung (z.B. zu methodischen Unterschieden der Studien) dargestellt.

Historische Veränderungen: Die PARTNER-Jugendstudien liefern aufgrund ihrer Altershomogenität (16- bis 18jährige) eine insgesamt gute Basis für methodisch exakte Vergleiche zur Abbildung historischen Wandels bei sexuellen und partnerschaftlichen Einstellungen und Verhaltensweisen. Zu den gesicherten Erkenntnissen gehören die angewachsene Sensibilität Jugendlicher gegenüber dem Thema sexuelle Gewalt (operationalisiert durch die Kenntnis von Betroffenen) sowie einige Aspekte der Mediennutzung, insb. die Herstellung und Weitergabe von sexuellen Fotos und Videos und die mediengestützte erotische Kommunikation generell.

Generationenspezifik: Die bereits in der Erwachsenenstudie durch den Vergleich von Altersgruppen / Generationen konstatierten Veränderungen werden bestätigt – die größere Sensibilität der Jüngeren in Bezug auf sexuelle Grenzverletzungen, die nicht als angewachsene Vulnerabilität zu deuten ist, sondern als Resilienz: Der angewachsene gesellschaftliche

Diskurs zum Thema verbessert Aufgeklärtheit und Reflektiertheit. Er verhindert keine Grenzverletzungen, aber erleichtert das Sprechen darüber, ermöglicht Betroffenen die Mitteilung an Dritte, die Inanspruchnahme von Hilfen und mindert so das traumatische Potenzial von erlebten Übergriffen.

Geschlechtsspezifik: Die Studie bestätigt weitgehend bekannte Differenzierungen, vor allem die größere Betroffenheit von Mädchen / weiblichen Jugendlichen durch sexualisierte Gewalt gegenüber Jungen / Männern und vice versa die geringere Anerkenntnis eigener Opferschaft durch männliche Jugendliche. In einigen Bereichen (z.B. bezüglich der erlebten Gewalt in der Herkunftsfamilie oder der Anzeigebereitschaft bei sexueller Gewalt in der Kindheit) treten Geschlechtsspezifika jedoch zunehmend in den Hintergrund.

Regionalität: Die Studie bietet aus statistischer Sicht durchaus einige Möglichkeiten der Prüfung von Unterschieden zwischen alten und neuen Bundesländern resp. der Suche nach evt. Besonderheiten in Sachsen-Anhalt. Zu den wenigen ins Auge springenden Besonderheiten gehört die überdurchschnittliche Versorgung mit sexualpädagogischen Angeboten durch außerschulische Anbieter.

Dunkelfeld / Dunkelziffer: Die *PARTNER 5-Jugendstudie* hat aufgrund ihrer geringen Stichprobe kriminologisch eine eher geringe Relevanz bzw. Aussagekraft. Der methodische Zugang zur Bestimmung des Anzeigeverhaltens bezogen auf das biografisch belastendste Erlebnis bestätigt allerdings den historischen Anstieg der Anzeigen bei sexuellen Übergriffen in der Kindheit.

Praxistransfer / weitere Forschung / weitere Praxis Sexueller Bildung: Die coronabedingten Veränderungen in der Durchführung der Forschung haben Auswirkungen auf die Repräsentativität der Ergebnisse. Andererseits hat die online-Jugendstudie den Vergleich alte-neue Bundesländer ermöglicht. Insbesondere die nachweisbar überdurchschnittliche Verbreitungsgrad der Sexuellen Bildung in Sachsen-Anhalt ermutigt zur Fortsetzung dieser Arbeit. Insofern wird es seitens der Hochschule Merseburg und ihrer vielen

Kooperationspartner nicht nur weitere Forschung, sondern auch weitere sexualpädagogische Praxisinitiativen, maßgeblich auch zur Prävention sexualisierter Gewalt und sexueller Traumatisierung, geben

7. *Literatur*

Bieneck, S., Stadler, L. & Pfeiffer, C. (2011). Erster Forschungsbericht zur Repräsentativbefragung Sexueller Missbrauch 2011. Hannover: Kriminologisches Forschungsinstitut Niedersachsen. Online: https://www.mosesonline.de/sites/default/files/Erster_Forschungsbericht_sexueller_Missbrauch_2011.pdf (16.10.2019).

BKA (2018). Polizeiliche Kriminalstatistik. Bundesrepublik Deutschland. Jahrbuch 2018. Band 4. Einzelne Straftaten/-gruppen und ausgewählte Formen der Kriminalität. Online: https://www.bka.de/DE/AktuelleInformationen/Statistiken Lagebilder/PolizeilicheKriminalstatistik/PKS2018/pks2018_node.html (18.01.2021).

BKA (2019) Partnerschaftsgewalt. Kriminalstatistische Auswertung – Berichtsjahr 2018. Online: file:///C:/Users/user/Desktop/Projekt%20-%20Partner%205%20-%20Dunkelfeld/P5%20ERWACHSENE/BKA%20Partnerschaftsgewalt_2018.pdf (18.01.2021).

BMFSFJ (2020) Sexuelle Belästigung. Online: https://www.bmfsfj.de/bmfsfj/themen/gleichstellung/frauen-vor-gewalt-schuetzen/sexuelle-belaestigung (13.06.2021).

BMFSFJ (2020): Frauen vor Gewalt schützen. Hintergrundmeldung vom 10.11.2020 https://www.bmfsfj.de/bmfsfj/themen/gleichstellung/frauen-vor-gewalt-schuetzen/haeusliche-gewalt/haeusliche-gewalt/80642 (13.06.2021).

Ethikkodex der Deutschen Gesellschaft für Erziehungswissenschaft (DGfE). Online: http://www.dgfe.de/wirueber-uns/ethikkodex.html (18.01.2021).

Ethikkodex der Deutschen Gesellschaft für Soziologie (DGS) und des Berufsverbandes Deutscher Soziologinnen und Soziologen (BDS). Online: https://soziologie.de/dgs/ethik/ethik-kodex (18.1.2021).

Kruber, A.; Weller, K.; Bathke, G.-W.; Voß, H.-J. (2021): *PARTNER 5* Erwachsene 2020. Primärbericht: Sexuelle Grenzverletzungen und sexualisierte Gewalt. Merseburg: Hochschule Merseburg.

Linke, T. (2018). Sexualisierte Gewalt in der Familie. In: Retkowski, A., Treibel, A. & Tuider, E. (Hrsg.) Handbuch sexualisierte Gewalt und pädagogische Kontexte. Weinheim Basel: Beltz Juventa, S. 398 – 406.

LKA Niedersachsen (2018). Dunkelfeldstudie. Dritte Befragung zu Sicherheit und Kriminalität in Niedersachsen. Bericht zu Kernbefunden der Studie. Unter: file:///C:/Users/user/Desktop/Projekt%20-%20Partner%205%20 -%20Dunkelfeld/P5%20ERWACHSENE/180905_Kernbefundebericht 2017.pdf (18.01.2021).

Seifarth, S., Ludwig, H. (2016). Dunkelfeld und Anzeigeverhalten bei Delikten gegen die sexuelle Selbstbestimmung – Ergebnisse einer Untersuchung zur Erforschung von Anzeigemotivation und Anzeigeverhalten bei sexueller Nötigung und Vergewaltigung.In Monatsschrift für Kriminologie und Strafrechtsreform. Band 99: Heft 3, 237–244.

Statista (2020): Jugendliche in Deutschland nach höchstem Schulabschluss im Vergleich mit der Bevölkerung im Jahr 2020. Online: https://de.statista. com/statistik/daten/studie/900410/umfrage/umfrage-in-deutschland- zum-schulabschluss-der-jugendlichen/#:~:text=Umfrage%20in %20Deutschland%20zum%20Schulabschluss%20der%20Jugendlichen%20 2020&text=Im%20Jahr%202020%20hatten%20rund,26%2C6%20Prozent%20 einen%20Realschulabschluss (13.06.2021).

Weller, K. (2013a). *PARTNER 4*. Sexualität & Partnerschaft ostdeutscher Jugendlicher im historischen Vergleich. https://www.ifas-home.de/downloads/PARTNER4_ Handout_06%2006.pdf (13.6.2021).

Weller, K. (2013b): Jugendsexualität 2013. *PARTNER 4* – Sexualität und Partnerschaft ostdeutscher Jugendlicher im historischen Vergleich. Tabellenband 2013 – 1990 – 1980. Merseburg https://www.ifas-home.de/forschung/projekte/ partner4/ (13.06.2021).

Weller, K. (2020): Reflexion der deutschen Forschung zu sexualisierter Gewalt von, an und unter Jugendlichen. In: Krolzik-Mattei, K.; Linke, T. & Urban, M (Hrsg.): Schutz von Kindern und Jugendlichen vor sexueller Traumatisierung. Gießen: Psychosozial Verlag, S. 41-53.

8. Anlagen

8.1 Fragebogen (Offline-Version)

LEHR- UND FORSCHUNGSBEREICH FÜR ANGEWANDTE SEXUALWISSENSCHAFT HOCHSCHULE MERSEBURG

Gefördert durch das Ministerium für Inneres und Sport des Landes Sachsen-Anhalt

Liebe Teilnehmende!

Danke, dass Sie an der wissenschaftlichen Untersuchung *PARTNER 5* teilnehmen! Die Studie richtet sich an Jugendliche zwischen 16 - 18 Jahren. Sie erforscht verschiedene Bereiche des Lebens, vor allem aber Partnerschaft und Sexualität. Hierbei geht es sowohl um die schönen Erlebnisse, als auch um Grenzverletzungen und Gewalterfahrungen.

Zu diesem Thema liegen schon einige Ergebnisse vor – bereits seit 50 Jahren werden ähnliche Studien durchgeführt. Nun soll herausgefunden werden, was sich in den letzten Jahren verändert hat. Die Ergebnisse fließen in die Verbesserung von Beratung und Aufklärung zu Sexualität und in den Schutz vor sexuellen Grenzverletzungen und sexualisierter Gewalt ein.

Bitte unterstützen Sie deshalb unsere Forschungsarbeit, indem Sie den Fragebogen gewissenhaft ausfüllen.

Zuvor einige Hinweise:
Das Ausfüllen dauert ca. 25 Minuten.
Ihre Mitarbeit ist freiwillig. Wir bitten Sie, die Fragen offen und ehrlich zu beantworten. Ihren Namen brauchen Sie nicht zu nennen; das bedeutet, die Befragung ist anonym. Es kann also kein Rückschluss auf Ihre Person erfolgen und Sie können durch Ihre Angaben weder sich selbst, noch eine andere Person belasten. Alle Angaben dienen ausschließlich der wissenschaftlichen Verwendung.
Falls Sie Erfahrungen mit sexualisierter Gewalt gemacht haben, schätzen Sie bitte ein, ob Sie sich in der Lage fühlen, an der Befragung teilzunehmen. Es

ist auch möglich, einzelne Fragen auszulassen – und letztendlich können
Sie jederzeit das Ausfüllen des Fragebogens abbrechen. Bitte suchen Sie
Rat und Unterstützung, wenn Sie sich unwohl fühlen sollten.

Hier und am Ende des Fragebogens finden Sie hierfür Unterstützungs- und
Hilfsangebote.

Das Ausfüllen des Fragebogens ist einfach:

Sie klicken die betreffenden Antworten an und nach dem Antworten jeweils
auf „weiter" (rechts unten auf dem Bildschirm). Manchmal werden Sie auch
aufgefordert, eine Zahl einzutragen.

Sollten Sie sich zu einer Frage nicht äußern können oder wollen, dann
lassen Sie das Kästchen einfach frei. Einige wenige Fragen dienen als Filter,
das heißt, sie müssen beantwortet werden, damit Sie zur nächsten Frage
geleitet werden können.

Eingangs ein paar Fragen zu Liebe und Partnerschaft.

**1. Meinen Sie, dass es so etwas wie die „große Liebe" heute noch
gibt?**

1 = ja
2 = nein

**2. Kann Ihrer Meinung nach diese „große Liebe" ein ganzes Leben
lang bestehen?**

1 = ja
2 = nein

3. Haben Sie eine solche Liebesbeziehung schon erlebt?

1 = ja
2 = nein

Filter: wenn 3. = ja:
Weiterhin zu Beziehungen.

4. Wie alt waren Sie, als Ihre erste feste Beziehung begann?
*Bitte direkt eintragen: z. B. 15 Jahre = 15 Wer noch keine Beziehung hatte,
trägt 66 ein.*

**5. Wie viele solcher festen Beziehungen hatten Sie bisher insge-
samt?**
Bitte direkt eintragen: z.B. 2 = 2

**6. Kam es vor, dass Sie gleichzeitig zwei oder mehrere feste Bezie-
hungen hatten?**
1 = ja, mehrmals
2 = ja, einmal
3 = nein, bin auch prinzipiell dagegen
4 = nein, bin aber nicht prinzipiell dagegen

***Nun einige Angaben zu Ihrer Person und Ihrem sozialen Hinter-
grund.***

7. Wie alt sind Sie?
Alter bitte direkt eintragen: z.B. 17 = 17

8. Bitte geben Sie Ihr Geschlecht an!
1 = weiblich
2 = männlich
3 = divers bzw. anders

9. In welchem Ausbildungsverhältnis befinden Sie sich zurzeit?
1 = in der schulischen Ausbildung
2 = in einer berufsvorbereitenden Ausbildung
3 = in einer beruflichen Ausbildung

**10. Mit welcher Klassenstufe haben Sie die Schule abgeschlossen
bzw. werden Sie die Schule abschließen?**
Bitte direkt eintragen: z.B. 9. Klasse = 9

11. Bei wem sind Sie überwiegend aufgewachsen?

1 = bei den Eltern
2 = bei der Mutter und deren Partner/Partnerin
3 = bei dem Vater und dessen Partner/Partnerin
4 = nur bei der Mutter
5 = nur beim Vater
6 = bei den Großeltern
7 = außerhalb der Familie (z.B. Kinderheim, WG)
8 = woanders

12. Wo sind Sie bzw. Ihre Eltern überwiegend aufgewachsen?

1 = in Deutschland
2 = im Ausland

a) Sie selbst
b) Ihre Mutter (bzw. Elternteil)
c) Ihr Vater (bzw. Elternteil)

jeweils Filter: wenn 12 a,b.c = 2
12offen. Bitte geben Sie das Land an!

13. Was ist die bisher höchste berufliche Qualifikation Ihrer Eltern?

a) Ihrer Mutter (bzw. Elternteil)
b) Ihres Vaters (bzw. Elternteil)
1 = ohne erlernten Beruf
2 = abgeschlossene berufliche Ausbildung (z.B. Lehre, Facharbeiter-
abschluss)
3 = Meisterabschluss
4 = Fachschulabschluss
5 = Hochschulabschluss
0 = trifft nicht zu

14. Sind Ihre Eltern berufstätig?

a) Ihre Mutter (bzw. Elternteil)
b) Ihr Vater (bzw. Elternteil)

1 = ja, in Vollzeit

2 = ja, in Teilzeit

3 = nein, erwerbslos

4 = nein, Hausmann/ Hausfrau

5 = nein, sonstiges

15. Wie groß ist der Ort, in dem Sie überwiegend aufgewachsen sind?

1 = in einem Dorf

2 = in einer Kleinstadt (ca. 2.000-20.000 EW)

3 = in einer Mittelstadt (20.000-100.000 EW)

4 = in einer Großstadt (über 100.000 EW)

16. Mit wie vielen Geschwistern sind Sie aufgewachsen?

Zählen Sie bitte auch Halb- und Stiefgeschwister dazu. Bitte direkt eintragen: z. B. 3 = 3

17. Sind Sie religiös erzogen worden?

1 = nein

2 = ja, evangelisch

3 = ja, katholisch

4 = ja, muslimisch

5 = ja, jüdisch

6 = ja, in einer anderen Glaubensrichtung,

18. Wie würden Sie Ihre heutige Weltanschauung bezeichnen?

Ich bin ...

1 = atheistisch (Ich glaube nicht an Gott.)

2 = religiös

3 = anderer Auffassung

4 = in dieser Frage noch unentschieden

19. Wenn am nächsten Sonntag Bundestagswahl wäre und Sie wären wahlberechtigt: Welche Partei würden Sie wählen?

1 = CDU
2 = SPD
3 = Bündnis 90/ Die Grünen
4 = Die Linke
5 = AfD
6 = eine andere Partei
7 = Ich würde nicht wählen.

Die folgenden Fragen beschäftigen sich mit Ihrem Elternhaus.

20. *Alle folgenden Fragen zu Ihren Eltern beziehen sich auf die Erwachsenen, mit denen Sie überwiegend in ihrer Familie aufgewachsen sind. Erinnern Sie sich bitte an Ihre Situation im Elternhaus, als Sie Kind waren (jünger als 15 Jahre).*
Inwieweit traf das Folgende in Ihrer Familie zu?

1 = völlig
2 = mit gewissen Einschränkungen
3 = kaum
4 = überhaupt nicht
0 = Vater/ Mutter war damals nicht da

a) Meine Eltern waren liebevoll und zärtlich zueinander.
b) Mein Vater war liebevoll und zärtlich zu mir.
c) Meine Mutter war liebevoll und zärtlich zu mir.
d) Meine Mutter vermied es, sich vor mir nackt zu zeigen.
e) Mein Vater vermied es, sich vor mir nackt zu zeigen.
f) Mit meinem Vater konnte ich über alles sprechen, was Liebe und Sexualität betraf.
g) Mit meiner Mutter konnte ich über alles sprechen, was Liebe und Sexualität betraf.

21. Wie oft traf das Folgende in Ihrer Familie zu?

    1 = oft

    2 = hin und wieder

    3 = selten

    4 = nie

    0 = Vater/Mutter war damals nicht da.

a) Meine Eltern beschimpften sich.

b) Zwischen meinen Eltern kam es zu handgreiflichen Auseinandersetzungen.

c) Ich wurde von den Eltern/einem Elternteil geschlagen.

22. Wie gut verstehen Sie sich z. Z. mit Ihren Eltern?

    Antworten Sie jeweils mit:

    1 = sehr gut

    2 = gut

    3 = kaum

    4 = überhaupt nicht

    0 = Vater/ Mutter ist nicht da

    a) mit Ihrer Mutter (bzw. Elternteil)

    b) mit Ihrem Vater (bzw. Elternteil)

23. Wie stark sind Ihnen in einer (künftigen) Partnerschaft/ Ehe Ihre Eltern ein Vorbild?

    1 = sehr stark

    2 = stark

    3 = kaum

    4 = überhaupt nicht

24. Wo wohnen Sie zurzeit an den meisten Tagen der Woche?

    1 = im elterlichen Haushalt mit eigenem Zimmer

    2 = im elterlichen Haushalt ohne eigenes Zimmer

    3 = bei den Eltern meiner Partnerin/ meines Partners

4 = in eigener Wohnung/WG/Wohnheim

5 = woanders

Die folgenden Fragen beschäftigen sich mit sexuellen Erlebnissen in der Kindheit und frühen Jugend.

Sie haben vielleicht schon den Ausdruck „Doktorspiele" gehört. Darunter versteht man, dass Kinder untereinander ihre Geschlechtsorgane zeigen/ berühren/ untersuchen.

25. Haben Sie sich an solchen Doktorspielen beteiligt?

1 = ja, mehrfach

2 = ja, einmal

3 = nein

Filter: wenn 25 = 1 oder 2

26. Erinnern Sie sich bitte an Ihr erstes Doktorspiel: Wie alt waren Sie?

(Alter bitte direkt eintragen.)

27. Wie viele Kinder waren an diesem Doktorspiel gemeinsam mit Ihnen beteiligt?

Anzahl bitte direkt eintragen:

28. Von wem ging die Initiative aus?

Das Doktorspiel erfolgte ...

1 = auf meine Initiative

2 = auf Initiative anderer mit meiner Zustimmung/ Einwilligung

3 = gegen meinen Willen

29. War das Doktorspiel ein Erlebnis, das Sie stark beeindruckt hat?

1 = ja, (eher) angenehm

2 = ja, (eher) unangenehm

3 = sowohl angenehm als auch unangenehm

4 = nein, eigentlich nicht

Nun zu Selbstbefriedigung und Orgasmus – also dem sexuellen Höhepunkt.

30. In welchem Alter haben Sie sich zum ersten Mal selbst befriedigt?

Versuchen Sie sich zu erinnern! Bitte Alter direkt eintragen, z.B. 15 Jahre = 15

Tragen Sie 66 ein, wenn Sie das noch nie gemacht bzw. erlebt haben.

Tragen Sie 99 ein, wenn Sie sich an das Alter nicht mehr erinnern.

31. Können Sie sich an Ihren ersten Orgasmus erinnern?

1 = ja, genau

2 = ja, ungefähr

3 = nein

4 = Ich weiß nicht genau, ob ich schon einen Orgasmus hatte

5 = Ich hatte noch keinen Orgasmus.

Filter: wenn 31 = 1 oder 2

32. In welchem Alter hatten Sie den ersten Orgasmus?

Alter bitte direkt eintragen:

33. Wie kam bei Ihnen der erste Orgasmus zustande?

1 = durch Selbstbefriedigung

2 = im Schlaf

3 = tagsüber von selbst

4 = durch Geschlechtsverkehr

5 = durch andere intime Kontakte mit einem/ einer andersgeschlechtlichen Partner*in

6 = durch intime Kontakte mit einem/einer gleichgeschlechtlichen Partner*in

7 = anders

Filter: wenn 33 =7

33offen. Ihr erster Orgasmus kam anders zustande. Und zwar?

Nun einige Fragen zu Ihrer körperlichen Entwicklung:

34. Wie alt waren Sie bei Folgendem?

Männer: bei Ihrem ersten Samenerguss

Frauen: bei Ihrer ersten Regelblutung

Wenn Sie noch keine Regelblutung/Samenerguss hatten, tragen Sie 66 ein.

Wenn Sie sich an das Alter nicht erinnern, tragen Sie 99 ein.

35. Wie groß sind Sie?

Bitte direkt eintragen: z. B. 1,70m =170

36. Wie ist Ihr Gewicht?

Bitte direkt eintragen: z. B. 60 kg = 60

37. Sind Sie mit Ihrem Aussehen zufrieden?

1 = vollkommen

2 = mit Einschränkungen

3 = kaum

4 = überhaupt nicht

Nun einige Fragen zu Ihrem Wissen über Sexualität.

38. Wie stark haben die folgenden Personen zu Ihrem Wissen über Sexualität beigetragen?

1 = sehr stark

2 = stark

3 = kaum

4 = überhaupt nicht

a) Vater

b) Mutter

c) Geschwister

d) Freundinnen/ Freunde

e) Partnerinnen/ Partner

f) Lehrerinnen/ Lehrer

g) Sexualpädagoginnen/ Sexualpädagogen

h) andere

Filter: wenn 38h = 1,2 oder 3
38offen. Andere Personen haben zu Ihrem Wissen über Sexualität beigetragen. In Stichworten: Wer bzw. welche?

39. Wie stark haben die folgenden Medien zu Ihrem Wissen über Sexualität beigetragen?

1 = sehr stark

2 = stark

3 = kaum

4 = überhaupt nicht

a) Bücher (auch Schulbücher), Zeitschriften, Broschüren

b) Fernsehsendungen

c) Internet

d) etwas anderes

Filter: wenn 39d = 1,2 oder 3
39offen: Andere Medien haben zu Ihrem Wissen über Sexualität beigetragen. In Stichworten: Welche?

40. Wie stark haben die folgenden Internet-Angebote zu Ihrem Wissen über Sexualität beigetragen?

1 = sehr stark

2 = stark

3 = kaum

4 = überhaupt nicht

a) Wikipedia u.a. Onlinelexika

b) Aufklärungs-/ Beratungsseiten

c) Videoplattformen (z.B. YouTube)

d) Social Media (z.B. Instagram)

e) Sexfilme/ Pornoseiten

Nun geht es um Sexualpädagogik und das Alter, in dem Sie bestimmte Erfahrungen zum ersten Mal gemacht haben.

41. Haben Sie das Folgende schon erlebt?

1 = ja, mehrmals

2 = ja, einmal

3 = nein, noch nie

a) Sexualaufklärung im Unterricht durch Lehrerinnen/ Lehrer

b) Sexualaufklärung durch andere Veranstaltungen, Projekte

Filter: wenn 41 a oder b = 1 oder 2

Die folgenden Fragen beziehen sich auf die eben genannten Veranstaltungen, die Sie erlebt haben (Unterricht oder Projekte).

42. Wie oft wurden die folgenden Themen im Unterricht bzw. in Projekten besprochen:

1 = mehrfach

2 = einmal

3 = nie

a) Pubertät

b) Freundschaft/Liebe / Partnerschaft

c) Selbstbefriedigung

d) Partnerschaftliche Sexualität/ Das erste Mal

e) Schwangerschaftsverhütung

f) Schwangerschaftsabbruch

g) Schutz vor sexuell übertragbaren Krankheiten und Aids

h) Sexuelle/ geschlechtliche Vielfalt (z.B. Homosexualität, Transidentität)

i) Formen des Zusammenlebens, Ehe und Familie
j) Sexualität in den Medien
k) Pornografie
l) Sexuelle Gewalt/ Missbrauch

43. Versuchen Sie sich zu erinnern: In welchem Alter haben Sie das Folgende zum ersten Mal erlebt?

Versuchen Sie sich zu erinnern: In welchem Alter haben Sie das Folgende zum ersten Mal erlebt?
Bitte das Alter direkt eintragen:
66 = Das habe ich noch nicht gemacht bzw. erlebt.
99 = An das Alter kann ich mich nicht mehr erinnern.

a) Einmal abgesehen von Küsschen von Verwandten und Bekannten, den ersten „richtigen" Kuss.
b) Intime körperliche Kontakte mit einem/einer andersgeschlechtlichen Partner*in.
c) Intime körperliche Kontakte mit einem/einer gleichgeschlechtlichen Partner*in.
d) Den ersten Geschlechtsverkehr.
e) Wie alt war Ihr*e Partner*in bei diesem ersten Geschlechtsverkehr?

Filter: wenn 43d ungleich 66 (betrifft Fragen 44-50)

Die folgenden Fragen beschäftigen sich mit dem ersten Geschlechtsverkehr/Sex.

44. Wie standen Sie zum Partner/ zur Partnerin des ersten Geschlechtsverkehrs?

1 = meine erste feste Partnerschaft
2 = eine feste Partnerschaft, jedoch nicht die erste
3 = eine andere befreundete Person
4 = eine andere, mir bekannte Person
5 = eine mir bis dahin unbekannte Person

45. War Ihr erster Geschlechtsverkehr auch für Ihren Partner/ Ihre Partnerin der erste?

1 = ja

2 = nein

0 = Das weiß ich nicht.

46. Von wem ging bei Ihrem ersten Geschlechtsverkehr die Initiative aus?

1 = mehr von meinem Partner/ meiner Partnerin

2 = mehr von mir

3 = von uns beiden

47. Erfolgte der erste Geschlechtsverkehr gegen Ihren Willen?

1 = ja

2 = nein

48. War der erste Geschlechtsverkehr für Sie ein Erlebnis, das Sie stark beeindruckt hat?

1 = ja, (eher) angenehm

2 = ja, (eher) unangenehm

3 = nein, eigentlich nicht

49. Haben Sie beim ersten Geschlechtsverkehr für Verhütung gesorgt?

1 = ja, ich

2 = ja, mein Partner/ meine Partnerin

3 = ja, wir beide

4 = nein

0 = Das weiß ich nicht mehr.

50. Haben Sie oder Ihre Partnerin/ Ihr Partner die folgenden Möglichkeiten zur Verhütung beim ersten Geschlechtsverkehr angewendet?

1 = ja

2 = nein

0 = Das weiß ich nicht mehr.

a) Ausnutzung eines unfruchtbaren Tages (ausgerechnet anhand des Regelkalenders oder der Aufwachtemperatur)
b) Pille
c) Pille danach
d) Kondom
e) unterbrochener Geschlechtsverkehr (Zurückziehen des Gliedes vor dem Samenerguss)
f) eine andere Methode

Filter: wenn 50f = 1

50offen. Sie nutzten eine andere Methode zur Verhütung. In Stichworten: Welche?

Die folgenden Fragen beziehen auf Ihre Erfahrungen und Einstellungen zu Sexualität.

51. **Frauen können in Deutschland einen Schwangerschaftsabbruch vornehmen lassen.**
    Haben Sie bzw. ihre jetzige oder frühere Partnerin davon schon Gebrauch gemacht?
    1 = ja, mehrmals
    2 = ja, einmal
    3 = nein

52. **Angenommen Sie/ Ihre Partnerin wäre/n ungewollt schwanger geworden: Würden Sie die Möglichkeit eines Schwangerschaftsabbruchs in Anspruch nehmen?**
    1 = ja, wahrscheinlich
    2 = ja, aber nur im äußersten Notfall
    3 = nein, das lehne ich für mich ab
    4 = nein, ich bin überhaupt dagegen

53. Wie stehen Sie zum Schwangerschaftsabbruch?

1 = sollte generell verboten sein

2 = sollte in Ausnahmesituationen möglich sein

3 = sollte in den ersten drei Monaten möglich sein, aber nur nach Beratung

4 = sollte in den ersten drei Monaten generell möglich sein

5 = sollte ohne Frist generell möglich sein

6 = Darüber habe ich mir noch keine Meinung gebildet.

54. Haben Sie das Folgende schon ausprobiert?

1 = ja, mehrmals

2 = ja, einmal

3 = nein, möchte aber

4 = nein, könnte ich mir aber vorstellen

5 = nein, möchte nicht

a) öffentlich nackt gebadet (FKK)

b) eine gemischte Sauna besucht

c) allein Porno-Videos angesehen

d) mit Freunden/ Freundinnen Porno-Videos angesehen

e) mit Partner/ Partnerin Porno-Videos angesehen

f) anonymen Sex (intime Kontakte mit unbekannter Person)

g) One-Night-Stand (einmaliger spontaner Sex)

h) Sex gegen Bezahlung

i) Oralverkehr

j) Analverkehr

k) erotische Kommunikation über Social Media

l) ein Dating-Portal genutzt

m) Sex mit zwei oder mehreren Personen gleichzeitig

n) Sexualpartner/-partnerin über das Internet kennen gelernt

o) Sex per Cam mit bekannter Person

p) Sex per Cam mit unbekannter Person

q) erotische/sexuelle Fotos oder Videos selbst hergestellt

r) eigene erotische/sexuelle Fotos oder Videos weitergegeben

s) BDSM-Praktiken

55. Inwieweit stimmen Sie den folgenden Aussagen zu?

1 = vollkommen

2 = mit gewissen Einschränkungen

3 = kaum

4 = überhaupt nicht

a) Ich kann meinen Partner/ meine Partnerin sehr lieben und zugleich jemand anderen gernhaben (einschließlich Geschlechtsverkehr/Sex).

b) Es wäre mir zuwider, mit einem Partner sexuell zu verkehren, den/ die ich nicht liebte.

c) Wenn mein Partner/ meine Partnerin zur Befriedigung Pornografie nutzt, ist das wie Fremdgehen.

d) Pornografie kann unrealistische Vorstellungen von Sexualität vermitteln.

e) Wenn sich zwei Männer auf der Straße küssen, finde ich das abstoßend.

f) Wenn sich zwei Frauen auf der Straße küssen, finde ich das abstoßend.

g) Niemand sollte wegen seiner homosexuellen Neigung diskriminiert werden.

56. In seinen sexuellen Phantasien/Träumen oder in der gelebten sexuellen Orientierung kann man sich zum eigenen Geschlecht, zum anderen oder auch zu mehreren Geschlechtern hingezogen fühlen.

Wie ist das bei Ihnen?

1 = ausschließlich auf das andere Geschlecht

2 = mehr auf das andere als auf das eigene Geschlecht

3 = gleichermaßen auf das andere wie auf das eigene Geschlecht.

4 = mehr auf das eigene Geschlecht.

5 = ausschließlich auf das eigene Geschlecht.

6 = auf andere Geschlechtsidentitäten.

a, **Meine sexuellen Phantasien/Träume beziehen sich...**

b, **Meine gelebte sexuelle Orientierung bezieht sich...**

Im Folgenden einige Fragen zu sexueller Belästigung und Gewalt.

57. Wie oft haben Sie das Folgende erlebt?

1 = mehrmals

2= einmal

3 = nie

a) durch Worte (z.B. sexuell anzügliche Bemerkungen, Witze, Kommentare über andere Personen)

b) durch unerwünschte, unnötige körperliche Berührungen

c) durch sexistische/pornografische Schmierereien in der Schule

d) durch ungewollte Konfrontation mit Bildern/ Videos sexuellen Inhalts (z. B. Pornoclips)

e) durch Nachrichten über Messengerdienste (z. B. WhatsApp)

f) durch Musik (z. B. sexistischen Rap)

g) durch sexualisierte Onlinespiele

h) durch Gemälde im Museum

i) durch sexualisierte Werbung

j) Stalking (Belästigungen durch unerwünschte Liebesbezeugungen, Geschenke u.a.)

k) durch etwas anderes

Filter: wenn 57k = 1 oder 2

57offen. Sie fühlten sich durch etwas anderes belästigt. In Stichworten: Durch was fühlten Sie sich belästigt?

Die folgenden Fragen beschäftigen sich mit den Bereichen, in denen sexuelle Belästigung/sexuelle Gewalt erlebt werden kann.

58. Bitte schätzen Sie ungefähr ab, wie oft Sie selbst im <u>schulischen Umfeld</u> sexuelle Belästigung/sexuelle Gewalt schon erlebt haben.

Tragen Sie die Anzahl der Erlebnisse bitte direkt ein. Wenn Sie in diesem Bereich nichts erlebt haben, tragen Sie 0 ein.

Filter: wenn 58 > 0
58Schule. Bitte schätzen Sie jeweils ungefähr ab, wie oft Sie dabei das Folgende erlebt haben.
Tragen Sie die Anzahl der Erlebnisse jeweils bitte direkt ein.

a) Wie oft wurde dabei körperliche Gewalt (z.B. Festhalten, Schla-gen) angewandt?
b) Wie oft wurde dabei verbale Gewalt (z.B. Beschimpfen, Drohen) angewandt?
c) Wie oft wurden Sie dabei durch MitschülerInnen belästigt?
d) Wie oft wurden Sie dabei durch LehrerInnen belästigt?

59. Bitte schätzen Sie ungefähr ab, wie oft Sie selbst im Freizeit-bereich (Sportverein, Disco, in der Öffentlichkeit o. ä.) sexuelle Belästigung/sexuelle Gewalt schon erlebt haben.
Tragen Sie die Anzahl der Erlebnisse bitte direkt ein.
Wenn Sie in diesem Bereich nichts erlebt haben, tragen Sie 0 ein.

Filter: wenn 59 > 0
59Freizeit. Bitte schätzen Sie jeweils ungefähr ab, wie oft Sie dabei das Folgende erlebt haben.
Tragen Sie die Anzahl der Erlebnisse jeweils bitte direkt ein.

a) Wie oft wurde dabei körperliche Gewalt (z.B. Festhalten, Schla-gen) angewandt?
b) Wie oft wurde dabei verbale Gewalt (z.B. Beschimpfen, Drohen) angewandt?
c) Wie oft wurden Sie dabei durch Autoritätspersonen belästigt?
d) Wie oft wurden Sie dabei durch fremde Erwachsene belästigt?
e) Wie oft wurden Sie dabei durch bekannte Erwachsene belästigt?
f) Wie oft wurden Sie dabei durch andere Kinder/Jugendliche beläs-tigt?

60. **Bitte schätzen Sie ungefähr ab, wie oft Sie selbst über das Internet sexuelle Belästigung/sexuelle Gewalt schon erlebt haben.**
Tragen Sie die Anzahl der Erlebnisse bitte direkt ein.
Wenn Sie in diesem Bereich nichts erlebt haben, tragen Sie 0 ein.

Filter: wenn 60 > 0
60 Internet: Bitte schätzen Sie jeweils ungefähr ab, wie oft Sie dabei das Folgende erlebt haben.
Tragen Sie die Anzahl der Erlebnisse jeweils bitte direkt ein

a) Wie oft wurde dabei Erpressung durch Bilder und Videos angewandt?

b) Wie oft wurden dabei versucht, Sie persönlich fertig zu machen oder bloß zu stellen?

c) Wie oft wurden dabei gegen Ihren Willen intime Fotos oder Videos präsentiert?

d) Wie oft gab es dabei Versuche, ein sexuelles Verhältnis anzubahnen?

61. **Wenn Sie sich zurückerinnern: War Ihnen vorher bewusst, dass sie Grenzverletzungen durch die Nutzung der jeweiligen Online-Angebote erleben könnten?**
1 = ja
2 = nein

62. **Haben Sie ihr Nutzungsverhalten nach der erlebten Grenzverletzung verändert?**
1 = Nein, ich habe nichts geändert.
2 = Ich nutze das Angebot/ die Angebote gar nicht mehr.
3 = Ich habe andere Vorsichtsmaßnahmen getroffen (z.B. kein öffentliches Profil mehr).
4 = Ich habe etwas anderes geändert.

Filter: wenn 62 = 4

62offen:Sie haben etwas anderes geändert. In Stichworten: Was haben Sie geändert?

Die folgenden Fragen betreffen weiterhin sexualisierter Gewalt/sexuelle Übergriffe.

63. Haben Sie das Folgende erlebt?

1 = ja, mehrmals

2 = ja, einmal

3 = nein

a) Ich wurde durch Gleichaltrige sexuell belästigt.

b) Ich wurde durch ältere Jugendliche sexuell belästigt.

c) Ich wurde durch fremde Erwachsene sexuell belästigt.

d) Ich wurde durch mir bekannte Erwachsene sexuell belästigt.

e) Ich wurde durch Autoritätspersonen sexuell belästigt.

f) Ich wurde in der Familie sexuell belästigt.

g) Mir sind Mädchen/Frauen bekannt, die zum Geschlechtsverkehr gezwungen wurden.

h) Mir sind Jungen/Männer bekannt, die zum Geschlechtsverkehr gezwungen wurden.

i) Jemand versuchte, mich zu Geschlechtsverkehr oder anderen sexuellen Handlungen zu zwingen.

j) Ich wurde zu Geschlechtsverkehr oder anderen sexuellen Handlung gezwungen.

k) Ich habe selbst versucht, jemanden zum Geschlechtsverkehr oder einer anderen sexuellen Handlung zu zwingen.

Filter: wenn 63 = 1oder 2

64. Wie stark leiden Sie gegenwärtig unter diesen Erlebnissen?

1 = sehr stark

2 = stark

3 = kaum

4 = überhaupt nicht

Filter: wenn 63 = 1 oder 2 – auch für alle folgenden Fragen zu sex. Gewalt, oder gleich mit 75 weiter

Bitte erinnern Sie sich an das Erlebnis, an den sexuellen Übergriff, der Sie am stärksten belastet.

65. Was ist passiert?

Antworten Sie jeweils mit ja oder nein. Das Erlebnis erfolgte…

1 = ja

2 = nein

a) …online (im Internet)

b) …offline (in direktem Kontakt)

c) …verbal (z.B. durch sexualisierte Sprache oder Bedrohung)

d) …durch ungewolltes Zeigen von Nacktbildern/ Pornografie

e) …durch ungewolltes Zeigen von Geschlechtsteilen

f) …durch erzwungene Küsse oder Begrabschen

g) …durch andere erzwungene sexuelle Handlungen (z.B. Oralver- kehr, Geschlechtsverkehr)

h) …durch etwas anderes

Filter: wenn 65h = 1

65offen. Das belastendste Erlebnis erfolgte durch etwas anderes. In Stichworten: Durch was?

66. Wie alt waren Sie?

Alter bitte direkt eintragen: z. B. 15 = 15
Wenn Sie sich nicht erinnern, tragen Sie 99 ein.

67. Wie alt war (schätzungsweise) der Täter/ die Täterin?

Tragen Sie das Alter bitte wieder direkt ein: z. B. 15 = 15

68. Welches Geschlecht hatte der Täter/die Täterin?

1 = weiblich

2 = männlich

3 = divers bzw. sonstiges

69. War der Täter/ die Täterin Ihnen bekannt?

1 = ja

2 = nein

70. Haben Sie sich nach dem Erlebnis jemandem anvertraut?

1 = Ja

2 = nein

71. Wurde polizeilich Anzeige erstattet?

1 = ja

2 = nein

72. War diese Entscheidung aus heutiger Sicht richtig?

1 = ja

2 = nein

72offen. Was hat Ihre Entscheidung beeinflusst?

**73. Inwieweit haben Sie Hilfe und Unterstützung bei der Bewälti-
gung dieses Erlebnisses erhalten?**

1 = ja

2 = nein

a) Ich habe bereits Hilfe bekommen.

b) Ich hätte gern (weitere) Hilfe.

Filter: wenn 73a = 1

74. Durch wen haben Sie Hilfe und Unterstützung erhalten?

1 = ja

2 = nein

a) Vater

b) Mutter

c) Geschwister

d) andere Verwandte

e) Freundinnen/ Freunde

f) Partnerinnen/ Partner

g) Lehrerinnen / Lehrer

h) Sexualpädagoginnen/ Sexualpädagogen

i) Fachberatungsstelle

j) andere

Filter: wenn 74j = 1

**74offen: Sie haben anderweitige Unterstützung erfahren. In Stich-
worten: Welche anderweitige Unterstützung haben Sie erfahren?**
*Die nächsten Fragen beschäftigen mit Ihren Einstellungen zu Se-
xualverhalten, Beziehung und Ihrer persönlichen Zukunft.*

**75. Wie stark fühlen Sie sich in Ihrem Sexualverhalten durch die
folgenden Aspekte verunsichert?**

1 = sehr stark

2 = stark

3 = etwas

4 = überhaupt nicht

a) durch HIV/ Aids

b) durch andere sexuell übertragbare Krankheiten

c) durch mögliche Bloßstellung im Internet/ per Handy/im sozialen
Umfeld

d) durch sexuelle Gewalt

e) durch die Möglichkeit einer Schwangerschaft

f) durch die über Pornografie vermittelten Beispiele

g) durch meine Unerfahrenheit

h) durch meine sexuelle Orientierung bzw. gesellschaftliche Normen
hierzu

i) durch etwas anderes

Filter: wenn 75i = 1,2 oder 3

**75offen: Sie fühlen sich durch etwas anders verunsichert. In Stich-
worten: Durch was fühlen Sie sich noch verunsichert?**

Nun einige Fragen zu Ihrer derzeitigen Partnerschaft.

76. Haben Sie gegenwärtig eine feste Paarbeziehung?
    1 = ja, zu einem Partner/ Partnerin
    2 = ja, zu mehreren Partnern/ Partnerinnen
    3 = nein

Filter: Wenn 76 = 1 oder 2 (gilt für Fragen 77-80)
77. Wie sehr lieben Sie Ihre Partnerin/ Ihren Partner?
    Falls Sie mehrere Partner bzw. Partnerinnen haben, denken Sie bei
    den folgenden Fragen an die Person, der Sie sich zurzeit am meisten
    verbunden fühlen.
    1 = über alle Maßen
    2 = sehr
    3 = etwas
    4 = überhaupt nicht

78. Wie lange besteht die Partnerschaft schon?
    Tragen Sie die Monate direkt ein, z. B. 6 Monate = 6
    Falls Sie mehrere Partner bzw. Partnerinnen haben, denken Sie an die
    Person, der Sie sich zurzeit am meisten verbunden fühlen.

**79. Haben Sie mit Ihrem Partner/ Ihrer Partnerin schon Geschlechts-
verkehr/Sex gehabt?**
    Falls Sie mehrere Partner bzw. Partnerinnen haben, denken Sie an die
    Person, der Sie sich zurzeit am meisten verbunden fühlen.
    1 = ja
    2 = nein

80. Wie zufrieden sind Sie mit Ihrer Partnerbeziehung?

Falls Sie mehrere Partner bzw. Partnerinnen haben, denken Sie an die Person, der Sie sich zurzeit am meisten verbunden fühlen.

1 = vollkommen

2 = mit gewissen Einschränkungen

3 = kaum

4 = überhaupt nicht

81. Wie ist Ihre Einstellung zu Intimkontakten außerhalb Ihrer Paarbeziehung?

1 = ja, bestimmt

2 = ja, wahrscheinlich

3 = kaum

4 = nein, keinesfalls

a) Würden Sie es tolerieren, wenn Ihre Partnerin/Ihr Partner außerhalb Ihrer Beziehung Intimkontakte hätte?

b) Würden Sie sich die Freiheit nehmen, außerhalb Ihrer Beziehung Intimkontakte einzugehen?

82. fehlt als Nummer, inhaltlich ist jede Frage vorhanden

83. Wie würden Sie am liebsten Ihre persönliche Zukunft gestalten?

Ich würde am liebsten...

1 =heiraten/ verheiratet sein.

2 =unverheiratet in Lebensgemeinschaft zusammenleben.

3 =in fester Partnerschaft aber ohne gemeinsamen Haushalt leben.

4 =ohne Partner leben.

84. Wie viele Kinder würden Sie am liebsten haben?

Bitte jeweils direkt eintragen, z. B. 2 Kinder = 2, keine Kinder = 0 Falls Sie noch keine klaren Vorstellungen haben, tragen Sie 99 ein.

Die nächsten Fragen beschäftigen sich nochmals mit sexuellen Erfahrungen.

Filter: wenn 43d ungleich

85. Hatten Sie in den vergangenen zwölf Monaten Geschlechtsverkehr/Sex?

1 = ja, ziemlich regelmäßig

2 = ja, aber unregelmäßig

3 = nein

0 = Ich hatte noch keinen Geschlechtsverkehr.

Filter: Wenn 85 = 1 oder 2, (wenn 85 = 3 weiter mit 88, wenn 85 = 0 weiter mit 93)

86. Wie oft hatten Sie in den letzten vier Wochen Geschlechtsverkehr/Sex?

Bitte direkt eintragen. z.B. 3 = 3 (Mehrere Akte bei einem Zusammensein gelten als einmal!)

87. Wie oft gelangten Sie dabei zum Orgasmus?

1 = (fast) jedes Mal

2 = in etwa Dreiviertel der Fälle

3 = in etwa der Hälfte der Fälle

4 = in etwa einem Viertel der Fälle

5 = seltener

6 = nie

88. Haben Sie schon einmal einen Orgasmus vorgetäuscht?

1 = ja, oft

2 = ja, hin und wieder

3 = nie

89. Wie wichtig ist Ihnen beim Geschlechtsverkehr/Sex das Folgende?

1 = sehr wichtig

2 = wichtig

3 = weniger wichtig

4 = völlig unwichtig

a, dass ich einen Orgasmus bekomme

b, dass mein Partner/meine Partnerin einen Orgasmus bekommt

90. Mit wie viel Partnern/ Partnerinnen hatten Sie insgesamt schon Geschlechtsverkehr/Sex?

Bitte Anzahl direkt eintragen: z. B. 1 Partner/Partnerin = 01

91. Ist es vorgekommen, dass Sie während einer festen Partnerbeziehung Geschlechtsverkehr mit einem anderen Partner/einer anderen Partnerin hatten?

1 = ja

2 = nein

92. Hatten Sie während der jetzigen Partnerbeziehung Geschlechtsverkehr mit anderen Personen?

1 = ja

2 = nein

Filter: wenn Frage 30 ungleich 66
Eine andere Möglichkeit, zum sexuellen Höhepunkt zu kommen, ist die Selbstbefriedigung.

93. An wie viel Tagen haben Sie sich in den vergangenen vier Wochen selbst befriedigt?

Anzahl der Tage bitte direkt eintragen:
Wenn Sie sich nicht erinnern, tragen Sie 99 ein.

Filter: wenn Frage 30 ungleich 66
94. Wie oft nutzen Sie das Folgende zur Selbstbefriedigung?

1 = (fast) immer

2 = häufig

3 = selten
4 = nie

a) Sex-Videos im Internet
b) kommerzielle Webcam-Angebote
c) erotische Bilder/ Filme/ Geschichten
d) Sextoys
e) meine eigene Phantasie
f) etwas anderes

Filter: wenn 94f =1,2 oder 3
94offen. Sie nutzen etwas anderes zur Selbstbefriedigung: In Stich-
worten: Was nutzen Sie noch anderes zur Selbstbefriedigung?

95. Noch eine weitere Frage zur Pornografie.
Versuchen Sie sich zu erinnern: In welchem Alter haben Sie die folgenden Dinge zum ersten Mal gesehen?
Bitte das Alter direkt eintragen:
66 = Das habe ich noch nicht gesehen.
99 = An das Alter kann ich mich nicht mehr erinnern.

a) Pornoclip im Internet
b) pornografische Webcam-Angebote
c) andere Internetseiten mit sexuellen Inhalten (z.B. auf YouTube)

Die folgenden Fragen betreffen Schule und Freundeskreis.

96. Zu welchem Drittel Ihrer Klasse gehören Sie hinsichtlich Ihrer
Lernleistungen (für Azubis: in der berufs-theoretischen Ausbil-
dung)?
1 = zum ersten Drittel
2 = zur ersten Hälfte des mittleren Drittels
3 = zur zweiten Hälfte des mittleren Drittels
4 = zum letzten Drittel

Nun zu befreundeten Jugendlichen, die Ihnen persönlich wichtig sind, mit denen Sie gern zusammen sind und etwas gemeinsam unternehmen.

97. Wie viele solcher Freundinnen/Freunde haben Sie?
Anzahl bitte direkt eintragen!
a) Anzahl guter Freundinnen
b) Anzahl guter Freunde

98. Sind Sie Mitglied in einem sozialen Netzwerk im Internet (Instagram, WhatsApp, Facebook u. a.)?
1 = ja, in mehreren
2 = ja, in einem
3 = nein

99. Wie oft konsumieren Sie das Folgende?
1 = ja, fast täglich
2 = ja, aber nur gelegentlich
3 = nein

a) Nikotin
b) Alkohol
c) Energy Drinks
d) Cannabis
e) Extasy
f) etwas anderes

Filter: wenn 99h = 1 oder 2
99offen: Sie konsumieren etwas anderes. In Stichworten: Was konsumieren Sie?

100. Wie viel Geld haben Sie persönlich monatlich zur freien Verfügung?
Bitte direkt auf 10 € gerundet eintragen: z.B. 144 € = 0140

Zum Abschluss noch ein paar Fragen zu Aufklärung, Corona und zum Fragebogen selbst. Dann haben Sie es geschafft...

101. Gab es in diesem Bogen Fragen, die Sie aus ganz persönlichen Gründen nicht ehrlich beantworten konnten?
1 = ja, mehrere
2 = ja, eine
3 = nein

102. Gab es Fragen, zu denen Sie etwas kommentieren, etwas loswerden möchten?

103. Wie gut sehen Sie sich in sexuellen Fragen aufgeklärt?
1 = sehr gut
2 = gut
3 = kaum
4 = überhaupt nicht

**104. *Durch die Verbreitung des Coronavirus hat sich der Alltag für viele Menschen verändert. Uns interessiert in diesem Zusammenhang wie sich diese Krise auf verschiedene Bereiche Ihrer Lebenssituation, z.B. Ihre Beziehungen, ihre psychische Situation ausgewirkt hat.*
Wie hat sich seit Beginn der Corona-Maßnahmen in ihrem Leben das Folgende verändert?**
1 = sehr verschlechtert
2 = verschlechtert
3 = unverändert
4 = verbessert
5 = sehr verbessert
0 = trifft auf mich nicht zu

a) meine partnerschaftliche Situation
b) meine seelische Verfassung

c) meine Beziehung zu den Eltern

d) meine Beziehung zu Freunden

e) meine Freizeitgestaltung

f) meine berufliche Perspektive

g) meine finanzielle Situation

h) meine schulische Situation

105. In welchem Bundesland wohnen Sie?

1 = Baden-Württemberg

2 = Bayern

3 = Berlin

4 = Brandenburg

5 = Bremen

6 = Hamburg

7 = Hessen

8 = Mecklenburg-Vorpommern

9 = Niedersachsen

10 = Nordrhein-Westfalen

11 = Rheinland-Pfalz

12 = Saarland

13 = Sachsen

14 = Sachsen-Anhalt

15 = Schleswig-Holstein

16 = Thüringen

106. Wodurch sind Sie auf die Studie *PARTNER 5* **aufmerksam geworden?**

1 = durch Social Media über Freunde und Bekannte

2 = durch Weitersagen über Freunde/Bekannte

3 = durch eine Institution/Einrichtung, z. B. (Berufs)Schule, Jugendclub

4 = durch einen Verein, z.B. Sport, Feuerwehr

4 = durch ein Forum zu Liebe und Sexualität

5 = durch ein Forum zu psychologischen Themen/Ratgeberseite

6 = durch ein Forum zu Sexualität/Ratgeberseite

7 = durch etwas anderes - bitte hier eintragen

Wir danken Ihnen vielmals für Ihre Teilnahme und die Zeit, die Sie sich genommen haben!

In unserer Befragung konnten wir nur einige Themen zu Partnerbeziehungen und Sexualität anschneiden. Möglicherweise gehen Ihnen jetzt noch Fragen und Probleme durch den Kopf, über die Sie gern sprechen möchten.

Falls Sie Ihre **Situation** als **belastend** empfinden, können Sie sich telefonisch an folgende Organisationen wenden:

- Telefonseelsorge: 0800 1110111
- Nummer gegen Kummer für Kinder und Jugendliche: 116 111
- Hilfetelefon sexueller Missbrauch: 0800 22 55 530
- Elterntelefon: 0800 111 0550
- Pflegetelefon: 030 2017 9131
- Hilfetelefon „Schwangere in Not": 0800 404 0020
- Hilfetelefon „Gewalt gegen Frauen": 0800 011 6016

Weiterhin finden Betroffene von sexualisierter oder häuslicher Gewalt hier **Hilfe** und **Unterstützung**.

Wir Mitarbeiter*innen dieser Studie würden uns freuen, wenn Sie sich per E-Mail mit uns in Verbindung setzen würden. Selbstverständlich wird auch dabei Vertraulichkeit gewährleistet.

Unsere Kontaktadresse: **partner5@hs-merseburg.de**

8.2 Indikatorengliederung

Die Zahlen in Klammern hinter den Fragestellungen geben die Variablennummer für **PARTNER 5 Erwachsene** an.

Kategorie	Einzelfrage	
Große Liebe Partnerschaftserfahrung Partnerschaftscharakteristik Partnerschaftswünsche Aktuelle Partnerschaft	1.	Meinen Sie, dass es so etwas wie die „große Liebe" heute noch gibt?
	2.	Kann Ihrer Meinung nach diese „große Liebe" ein ganzes Leben lang bestehen?
	3.	Haben Sie eine solche Liebesbeziehung schon erlebt?
	4.	Wie alt waren Sie als Ihre erste feste Beziehung begann? (2)
	5.	Wie viele solcher festen Beziehungen hatten Sie bisher insgesamt? (3)
	6.	Kam es vor dass Sie gleichzeitig zwei oder mehrere feste Beziehungen hatten? (4)
	76.	Haben Sie gegenwärtig eine feste Paarbeziehung? (5)
	77.	Wie sehr lieben Sie Ihre Partnerin/Ihren Partner? (6)
	78.	Wie lange besteht die Partnerschaft schon? (7)
	79.	Haben Sie mit Ihrem Partner/Ihrer Partnerin schon Geschlechtsverkehr/Sex gehabt? (10)
	91.	Ist es vorgekommen, dass Sie während einer festen Partnerbeziehung Geschlechtsverkehr mit einem anderen Partner/einer anderen Partnerin hatten
	92.	Hatten Sie während der jetzigen Paarbeziehung Geschlechtsverkehr/Sex mit anderen Personen? (11)
	80.	Wie zufrieden sind Sie mit Ihrer Paarbeziehung? (12)
	81.a	Würden Sie es tolerieren, wenn Ihre Partnerin/Ihr Partner außerhalb Ihrer Beziehung Intimkontakte hätte? (14a)

	81.b	Würden Sie sich die Freiheit nehmen, außerhalb Ihrer Beziehung Intimkontakte einzugehen? (14b)
	83.	Wie würden Sie am liebsten Ihre persönliche Zukunft gestalten? (27)
17	84.	Wie viele Kinder würden Sie am liebsten haben? (27)
Angaben zur Person	7.	Wie alt sind Sie? (17)
	8.	Bitte geben Sie Ihr Geschlecht an! (18)
	9.	In welchem Ausbildungsverhältnis befinden Sie sich zurzeit?
	10.	Mit welcher Klassenstufe haben Sie die Schule abgeschlossen bzw. werden Sie die Schule abschließen? (19)
	24.	Wo wohnen Sie zurzeit an den meisten Tagen der Woche? (28)
	18.	Wie würden Sie Ihre heutige Weltanschauung bezeichnen? (37)
	19.	Wenn am nächsten Sonntag Bundestagswahl wäre und Sie wären wahlberechtigt: Welche Partei würden Sie wählen? (38)
	105.	In welchem Bundesland wohnen Sie? (16)
	35.	Wie groß sind Sie?
	36.	Wie ist ihr Gewicht?
11	37.	Sind Sie mit Ihrem Aussehen zufrieden?
Familiäre Herkunftsbedingungen	11.	Bei wem sind Sie überwiegend aufgewachsen? (33)
	12.	Wo sind Sie bzw. ihre Eltern überwiegend aufgewachsen?
	12.a	Sie selbst (33)
	12.b	Ihre Mutter (Bzw. Elternteil)
	12.c	Ihr Vater bzw. Elternteil
	13.	Was ist die bisher höchste berufliche Qualifikation Ihrer Eltern?
	13.a	Ihrer Mutter (bzw. Elternteil)
	13.b	Ihres Vaters (bzw. Elternteil)
	14.	Sind Ihre Eltern berufstätig?
	14.a	Ihre Mutter (bzw. Elternteil)

	14.b	Ihr Vater (bzw. Elternteil)
	15.	Wie groß ist der Ort, in dem Sie überwiegend aufgewachsen sind? (30)
	16.	Mit wie vielen Geschwistern sind Sie gemeinsam aufgewachsen? (35)
	17.	Sind Sie religiös erzogen worden? (36)
	20.a	Meine Eltern waren liebevoll und zärtlich zueinander. (39a)
	20.b	Mein Vater war liebevoll und zärtlich zu mir. (39b)
	20.c	Meine Mutter war liebevoll und zärtlich zu mir. (39c)
	20.d	Meine Mutter vermied es, sich vor mir nackt zu zeigen. (39d)
	20.e	Mein Vater vermied es, sich vor mir nackt zu zeigen. (39e)
	20.f	Mit meinem Vater konnte ich über alles sprechen, was Liebe und Sexualität betraf. (39f)
	20.g	Mit meiner Mutter konnte ich über alles sprechen, was Liebe und Sexualität betraf. (39g)
	21.a	Meine Eltern beschimpften sich. (40a)
	21.b	Zwischen meinen Eltern kam es zu handgreiflichen Auseinandersetzungen. (40b)
	21.c	Ich wurde von den Eltern/einem Elternteil geschlagen. (40c)
	22.	Wie gut verstehen Sie sich z. Z. mit Ihren Eltern?
	22.a	mit Ihrer Mutter (bzw. Elternteil)
	22.b	mit Ihrem Vater (bzw. Elternteil)
24	**23.**	Wie stark sind Ihnen in einer (künftigen) Partnerschaft/ Ehe Ihre Eltern ein Vorbild?
Zugang zu sexuellem Wissen Sexuelle Bildung/ Aufklärung	38.	Wie stark haben die folgenden Personen zu Ihrem Wissen über Sexualität beigetragen?
	38.a	Vater
	38.b	Mutter
	38.c	Geschwister
	38.d	Freundinnen/Freunde

	38.f	Lehrerinnen/Lehrer
	38.g	Sexualpädagoginnen/Sexualpädagogen
	38.h	andere
	38.h	offen
	39.	Wie stark haben die folgenden Medien zu Ihrem Wissen über Sexualität beigetragen?
	39.a	Bücher (auch Schulbücher), Zeitschriften, Broschüren
	39.b	Fernsehsendungen
	39.c	Internet
	39.d	etwas anderes
	39.d	offen
	40.	Wie stark haben die folgenden Internet-Angebote zu Ihrem Wissen über Sexualität beigetragen?
	40.a	Wikipedia u.a. Onlinelexika
	40.b	Aufklärungs-/Beratungsseiten
	40.c	Videoplattformen (z.B. Youtube)
	40.d	Social Media (z.B. Instagram)
	40.e	Sexfilme/ Pornoseiten
	41.	Haben Sie das Folgende schon erlebt?
	41.a	Sexualaufklärung im Unterricht durch Lehrerinnen/ Lehrer
	41.b	Sexualaufklärung durch andere Veranstaltungen, Projekte
	42.	Wie oft wurden die folgenden Themen im Unterricht bzw. in Projekten besprochen:
	42.a	Pubertät
	42.b	Freundschaft/Liebe/Partnerschaft
	42.c	Selbstbefriedigung
	42.d	Partnerschaftliche Sexualität/Das erste Mal
	42.e	Schwangerschaftsverhütung
	42.f	Schwangerschaftsabbruch
	42.g	Schutz vor sexuell übertragbaren Krankheiten und Aids
	42.h	Sexuelle/geschlechtliche Vielfalt (z.B. Homosexualität, Transidentität)

	42.i	Formen des Zusammenlebens, Ehe und Familie
	42.j	Sexualität in den Medien
	42.k	Pornografie
	42.l	Sexuelle Gewalt/Missbrauch
33	103.	Wie gut sehen Sie sich in sexuellen Fragen aufgeklärt?
Initiale sexuelle Erfahrungen - erste Male körperliche Entwicklung	25.	Haben Sie sich an solchen Doktorspielen beteiligt?
	26.	Erinnern Sie sich bitte an Ihr erstes Doktorspiel: Wie alt waren Sie?
	27.	Wie viele Kinder waren an diesem Doktorspiel gemeinsam mit Ihnen beteiligt?
	28.	Von wem ging die Initiative aus?
	29.	War das Doktorspiel ein Erlebnis, das Sie stark beeindruckt hat?
	30.	In welchem Alter haben Sie sich zum ersten Mal selbst befriedigt? (41a)
	31.	Können Sie sich an Ihren ersten Orgasmus erinnern?
	32.	In welchem Alter hatten Sie den ersten Orgasmus?
	33.	Wie kam bei Ihnen der erste Orgasmus zustande?
	34.	Wie alt waren Sie bei Folgendem?
		Weiblich: bei Ihrer ersten Regelblutung
		Männlich: bei Ihrem ersten Samenerguss
	43.	Versuchen Sie sich zu erinnern: In welchem Alter haben Sie das Folgende zum ersten Mal erlebt?
	43.a	den ersten „richtigen" Kuss (41b)
	43.b	intime körperliche Kontakte mit einem/einer andersgeschlechtlichen Partner/Partnerin (41c)
	43.c	intime körperliche Kontakte mit einem/einer gleichgeschlechtlichen Partner/Partnerin
	43.d	den ersten Geschlechtsverkehr/Sex (41d)
	43.e	Wie alt war Ihr Partner/Ihre Partnerin bei Ihrem ersten Geschlechtsverkehr/Sex? (42)

	44.	In welcher Beziehung standen Sie zu der Person, mit der Sie Ihren ersten Geschlechtsverkehr/Sex hatten? (43)
	45.	War Ihr erster Geschlechtsverkehr/Sex auch für Ihren Partner/Ihre Partnerin der erste? (44)
	46.	Von wem ging bei Ihrem ersten Geschlechtsverkehr/Sex die Initiative aus? (45)
	47.	Erfolgte der erste Geschlechtsverkehr/Sex gegen Ihren Willen? (46)
	48.	War der erste Geschlechtsverkehr/Sex für Sie ein Erlebnis, das Sie stark beeindruckt hat? (47)
	49.	Haben Sie beim ersten Geschlechtsverkehr/Sex für Verhütung gesorgt? (48)
	50.	Haben Sie oder Ihre Partnerin/ Ihr Partner die folgenden Möglichkeiten zur Verhütung beim ersten Geschlechtsverkehr angewendet?
	50.a	Ausnutzung eines unfruchtbaren Tages (ausgerechnet anhand des Regelkalenders oder der Aufwachtemperatur)
	50.b	Pille
	50.c	Pille danach
	50.d	Kondom
	50.e	unterbrochener Geschlechtsverkehr (zurückziehen des Gliedes vor dem Samenerguss)
	50.f	eine andere Methode
	50.f	offen
	95.	Noch eine weitere Frage zur Pornografie. Versuchen Sie sich zu erinnern: In welchem Alter haben Sie die folgenden Dinge zum ersten Mal gesehen?
	95.a	Pornoclip im Internet
	95.b	pornografische Webcam-Angebote
31	**95.c**	andere Internetseiten mit sexuellen Inhalten (z.B. auf YouTube)

Erfahrungen mit/ Einstellungen zu Sexualität	54.	Haben Sie das Folgende schon ausprobiert?
	54.a	öffentlich nackt gebadet (FKK) (49a)
	54.b	eine gemischte Sauna besucht (49b)
	54.c	allein Porno-Videos angesehen (49c)
	54.d	mit Freundinnen/Freunden Porno-Videos angesehen (49d)
	54.e	mit Partner/Partnerin Porno-Videos angesehen (49e)
	54.f	anonymen Sex (intime Kontakte mit unbekannter Person) (49f)
	54.g	One-Night-Stand (einmaliger spontaner Sex) (49g)
	54.h	Sex gegen Bezahlung (49h)
	54.i	Oralverkehr (49i)
	54.j	Analverkehr (49j)
	54.k	erotische Kommunikation über Social Media (49k)
	54.l	ein Dating-Portal genutzt (49l)
	54.m	Sex mit zwei oder mehreren Personen gleichzeitig (49m)
	54.n	Sexualpartner/-partnerin über das Internet kennen gelernt (49n)
	54.o	Sex via Cam mit bekannter Person (49o)
	54.p	Sex via Cam mit unbekannter Person (49o)
	54.q	erotische/sexuelle Fotos oder Videos selbst hergestellt (49o)
	54.r	eigene erotische/sexuelle Fotos oder Videos weitergegeben (49r)
	54.s	BDSM-Praktiken (49s)
	55.	Inwieweit stimmen Sie den folgenden Aussagen zu?
	55.a	Ich kann meinen Partner/meine Partnerin sehr lieben und zugleich eine andere Person gernhaben (einschließlich Geschlechtsverkehr/Sex) (50a)
	55.b	Es wäre mir zuwider, mit jemanden sexuell zu verkehren, den/ die ich nicht liebe. (50b)
	55.c	Wenn mein Partner/meine Partnerin zur Befriedigung Pornografie nutzt, ist das wie Fremdgehen. (50c)

	55.d	Pornografie kann unrealistische Vorstellungen von Sexualität vermitteln. (50d)
	55.e	Wenn sich zwei Männer auf der Straße küssen, finde ich das abstoßend. (50e)
	55.f	Wenn sich zwei Frauen auf der Straße küssen, finde ich das abstoßend. (50f)
	55.g	Niemand sollte wegen seiner homosexuellen Neigung diskriminiert werden. (50g)
	51.	Frauen können in Deutschland einen Schwangerschaftsabbruch vornehmen lassen. Haben Sie bzw. ihre jetzige oder frühere Partnerin davon schon Gebrauch gemacht? (52)
	52.	Angenommen Sie/Ihre Partnerin wäre/n ungewollt schwanger geworden: Würden Sie die Möglichkeit eines Schwangerschaftsabbruchs in Anspruch nehmen? (53)
29	**53.**	Wie stehen Sie zum Schwangerschaftsabbruch? (54)
Sexuelle Orientierung	**56.a**	Meine sexuellen Phantasien/Träume beziehen sich... (51a)
2	**56.b**	Meine gelebte sexuelle Orientierung bezieht sich... (51b)
Erfahrung mit sexueller Belästigung/sexuellen Grenzüberschreitungen		Haben Sie sich schon einmal sexuell belästigt gefühlt?
	57.a	durch Worte (z. B. anzügliche Bemerkungen, Witze, Kommentare) (54a)
	57.b	durch unerwünschte, unnötige körperliche Berührungen (54b)
	57.c	durch sexistische/pornografische Schmiereien in der Schule (54c)
	57.d	durch ungewollte Konfrontation mit Bildern/ Videos sexuellen Inhaltes (z. B. Pornoclips) (54d)
	57.e	durch Nachrichten über Messenger-Dienste (z. B. WhatsApp, Telegram, Facebook, Messenger) (54g)
	57.f	durch Musik (z. B. sexistischen Rap) (54h)
	57.g	durch sexualisierte Online-Spiele (54i)
	57.h	durch Gemälde im Museum (54j)
	57.i	durch sexualisierte Werbung (54k)

	57.j	durch Stalking (Belästigung durch unerwünschte Liebesbezeugungen, Geschenke u. a.) (54l)
	57.k	durch etwas anderes (54m)
	57.k	offen
	58.	Bitte schätzen Sie ungefähr ab, wie oft Sie selbst im schulischen Umfeld sexuelle Belästigung/sexuelle Gewalt schon erlebt haben.
	58.a	Wie oft wurde dabei körperliche Gewalt (z. B. Festhalten, Schlagen) angewandt (56a)
	58.b	58.b Wie oft wurde dabei verbale Gewalt (z. B. Beschimpfen, Drohen) angewandt? (56b)
	58.c	Wie oft wurden Sie dabei durch MitschülerInnen belästigt? (56c)
	58.d	Wie oft wurden Sie dabei durch LehrerInnen belästigt? (56d)
	59.	Bitte schätzen Sie ungefähr ab, wie oft Sie selbst im Freizeitbereich (Sportverein, Disco, in der Öffentlichkeit o. ä.) sexuelle Belästigung/sexuelle Gewalt schon erlebt haben. (58)
	59.a	Wie oft wurde dabei körperliche Gewalt (z.B. Festhalten, Schlagen) angewandt? (58a)
	59.b	Wie oft wurde dabei verbale Gewalt (z.B. Beschimpfen, Drohen) angewandt? (58b)
	59.c	Wie oft wurden Sie dabei durch Autoritätspersonen belästigt? (58c)
	59.d	Wie oft wurden Sie dabei durch fremde Erwachsene belästigt? (58d)
	59.e	Wie oft wurden Sie dabei durch bekannte Erwachsene belästigt? (58e)
	59.f	Wie oft wurden Sie dabei durch andere Kinder/Jugendliche belästigt? (58f)
	60.	Bitte schätzen Sie ungefähr ab, wie oft Sie selbst über das Internet sexuelle Belästigung/sexuelle Gewalt schon erlebt haben. (60)
	60.a	Wie oft wurde dabei Erpressung durch Bilder und Videos angewandt? (60a)

	60.b	Wie oft wurde dabei versucht, Sie persönlich fertig zu machen oder bloß zu stellen? (60b)
	60.c	Wie oft wurden dabei gegen Ihren Willen intime Fotos oder Videos präsentiert? (60c)
	60.d	Wie oft gab es dabei Versuche, ein sexuelles Verhältnis anzubahnen? (60d)
	61.	Wenn Sie sich erinnern: War Ihnen vorher bewusst, dass sie Grenzverletzungen durch die Nutzung der jeweiligen Online-Angebote erleben könnten? (61)
	62.	Haben Sie ihr Nutzungsverhalten nach der erlebten Grenzverletzung verändert? (62)
	62.	offen Was haben Sie geändert?
	63.	Haben Sie das Folgende erlebt?
	63.a	Ich wurde durch Gleichaltrige sexuell belästigt.
	63.b	Ich wurde durch ältere Jugendliche sexuell belästigt.
	63.c	Ich wurde durch fremde Erwachsene sexuell belästigt.
	63.d	Ich wurde durch mir bekannte Erwachsene sexuell belästigt.
	63.e	Ich wurde durch Autoritätspersonen sexuell belästigt.
	63.f	Ich wurde in der Familie sexuell belästigt.
	63.g	Mir sind Mädchen/Frauen bekannt, die zum Geschlechtsverkehr gezwungen wurden. (64a)
	63.h	Mir sind Jungen/Männer bekannt,die zum Geschlechtsverkehr gezwungen wurden. (64b)
	63.i	Jemand versuchte, mich zum Geschlechtsverkehr oder anderen sexuellen Handlungen zu zwingen. (64c)
	63.j	Ich wurde zum Geschlechtsverkehr oder anderen sexuellen Handlung gezwungen. (64d)

	63.k	Ich habe selbst versucht, jemanden zum Geschlechtsverkehr oder anderen sexuellen Handlungen zu zwingen. (64e)
44	64.	Wie stark leiden Sie gegenwärtig unter diesen Erlebnissen? (74)
Einprägsames Erlebnis	65.	Bitte erinnern Sie sich an das Erlebnis, an den sexuellen Übergriff, der Sie am stärksten belastet. Was ist passiert? (65)
	65.a	online (im Internet) (65a)
	65.b	offline (in direktem Kontakt) (65b)
	65.c	verbal (z.B. durch sexualisierte Sprache oder Bedrohung) (65c)
	65.d	durch ungewolltes Zeigen von Nacktbildern/Pornografie (65d) 65.e durch ungewolltes Zeigen von Geschlechtsteilen (65e)
	65.f	durch erzwungene Küsse oder Begrabschen (65f)
	65.g	durch andere erzwungene sexuelle Handlungen (z. B. Oralverkehr, Geschlechtsverkehr) (65g)
	65.h	durch etwas anderes (65h)
	65.h	offen
	66.	Wie alt waren Sie? (67)
	67.	Wie alt war schätzungsweise der Täter/die Täterin (68)
	68.	Welches Geschlecht hatte der Täter/die Täterin? (69)
	69.	War Ihnen der Täter/die Täterin bekannt? (70)
	70.	Haben Sie sich nach dem Erlebnis jemandem anvertraut? (71)
	71.	Wurde polizeilich Anzeige erstattet? (72)
	72.	War diese Entscheidung aus heutiger Sicht richtig? (73)
	72.	offen Was hat Ihre Entscheidung beeinflusst?
	73.	Inwieweit haben Sie Hilfe und Unterstützung bei der Bewältigung dieses Erlebnisses erhalten?

	73.a	Ich habe bereits Hilfe bekommen. (75a)
	73.b	Ich hätte gern (weitere) Hilfe. (75b)
	74.	Durch wen haben Sie Hilfe und Unterstützung erhalten?
	74.a	Vater (76a)
	74.b	Mutter (76b)
	74.c	Geschwister (76c)
	74.d	andere Verwandte (76d)
	74.e	Freundinnen/Freunde (76e)
	74.f	Partnerinnen/Partner (76f)
	74.g	Lehrerinnen /Lehrer (76g)
	74.h	Sexualpädagoginnen/Sexualpädagogen (76j)
	74.i	Fachberatungsstelle (76k)
	74.j	andere (76l)
30	**74.j**	offen
Verunsicherungen des Sexualverhaltens	75.	Wie stark fühlen Sie sich in Ihrem Sexualverhalten durch die folgenden Aspekte verunsichert?
	75.a	durch HIV/Aids (78a)
	75.b	durch andere sexuell übertragbare Krankheiten (78b)
	75.c	durch mögliche Bloßstellung im Internet/ per Handy/im sozialen Umfeld (78c)
	75.d	durch sexuelle Gewalt (78d)
	75.e	durch die Möglichkeit einer Schwangerschaft (78e)
	75.f	durch die über Pornografie vermittelten Beispiele (78f)
	75.g	durch meine Unerfahrenheit (78g)
	75.h	durch meine sexuelle Orientierung bzw. gesellschaftliche Normen hierzu (78g)
	75.i	durch etwas anderes (78j)
10	**75.i**	offen

	85.	Hatten Sie in den vergangenen zwölf Monaten Geschlechtsverkehr/Sex? (79)
GV-Aktivität Orgasmuserleben Habitueller Partnersex Anzahl Sexpartner	86.	Wie oft hatten Sie in den letzten vier Wochen Geschlechtsverkehr/Sex? (80)
	87.	Wie oft gelangten Sie dabei zum Orgasmus? (81)
	88.	Haben Sie schon einmal einen Orgasmus vorgetäuscht?
	89.	Wie wichtig ist Ihnen beim Geschlechtsverkehr/Sex das Folgende?
	89.a	dass ich einen Orgasmus bekomme (83a)
	89.b	dass mein/e Partner/in einen Orgasmus bekommt. (83b)
7	90.	Mit wie vielen Partnern/ Partnerinnen hatten Sie insgesamt schon Geschlechtsverkehr/Sex? (84)
Habituelle Selbstbefriedigung	93.	An wie viel Tagen haben Sie sich in den vergangenen vier Wochen selbst befriedigt? (86)
	94.	Wie oft nutzen Sie das Folgende zur Selbstbefriedigung?
	94.a	Sex-Videos im Internet (87a)
	94.b	kommerzielle Webcam-Angebote (87b)
	94.c	erotische Bilder/ Videos/Geschichten (87c)
	94.d	Sex Toys (87d)
	94.e	meine eigene Phantasie (87e)
	94.f	etwas anderes (87f)
8	94.f	offen
Schule und Freundeskreis	96.	Zu welchem Drittel Ihrer Klasse gehören Sie hinsichtlich Ihrer Lernleistungen (für Azubis: in der berufs-theoretischen Ausbildung)?
	97.	Nun zu befreundeten Jugendlichen, die Ihnen persönlich wichtig sind, mit denen Sie gern zusammen sind und etwas gemeinsam unternehmen. Wie viele solcher Freundinnen/Freunde haben Sie?
	97.a	Anzahl guter Freundinnen
	97.b	Anzahl guter Freunde

	98.	Sind Sie Mitglied in einem sozialen Netzwerk im Internet (Instagram, WhatsApp, Facebook u. a.)?
4		
Drogenkonsum Finanzen	99.	Wie oft konsumieren Sie das Folgende?
	99.a	Nikotin
	99.b	Alkohol
	99.c	Energy Drinks
	99.d	Cannabis
	99.e	Extasy
	99.f	etwas anderes
	99.f	offen
	104.	Wie viel Geld haben Sie persönlich monatlich zur freien Verfügung?
8		
Corona-Veränderungen		Wie hat sich seit Beginn der Corona-Maßnahmen in ihrem Leben das Folgende verändert?
	104.a	meine seelische Verfassung (88a)
	104.b	meine partnerschaftliche Situation (88b)
	104.c	meine Beziehung zu den Eltern
	104.d	meine Beziehungen zu Freunden (88d)
	104.e	meine Freizeitgestaltung (88e)
	104.f	meine berufliche Perspektive ((88f /..Situation)
	104.g	meine finanzielle Situation (88g)
8	104.h	meine schulische Situation
Methodische Fragen	102.	Gab es in diesem Befragung Fragen, die Sie nicht beantworten konnten oder wollten? (89)
	101.	**offen** Gab es Fragen, zu denen Sie etwas kommentieren, etwas loswerden möchten?
3	106.	Wodurch sind Sie auf die Studie PARTNER 5 aufmerksam geworden? (92)
269